Aktien perfekt auswählen

Inhalt

Basiswissen

Sie möchten in Aktien investieren? In Ihrem Waschraum steht eine Waschmaschine vom Typ »Miele« und Sie vertrauen dieser Firma. Vom Konkurrenten Siemens wissen Sie, dass es Aktien gibt. Am nächsten Tag wollen Sie also Miele-Aktien ordern. Leider unmöglich. Miele befindet sich seit der Gründung 1899 in Familienhand. Die Gütersloher haben als GmbH & Co-Gesellschaft gar keine Aktien ausgegeben, die man über die Börse kaufen könnte.

interview

Infineon habe ich verschlafen, bei der Deutschen Telekom fehlte mir das Kleingeld ... Das wird jetzt anders: Ich mache mich schlau und werde Anleger. Ob klein oder groß, das kommt auf meine Finanzen an. Alle reden von Aktien, ich will auch mitreden können – und hoffentlich noch was dabei gewinnen.

DIE AKTIE: WERT- UND RISIKOPAPIER IN EINEM

Aktien haben in der Bundesrepublik seit Mitte der 90er Jahre einen ungeahnten Aufschwung erlebt. Spätestens seit dem Börsengang der Deutschen Telekom sind Aktienkurse aus den TV-Nachrichtensendungen und von den Titelseiten der Zeitungen nicht mehr wegzudenken. Die Entwicklung an den Wertpapiermärkten heizte den Boom zusätzlich an, vervierfachte sich doch binnen fünf Jahren der durchschnittliche Wert der wichtigsten deutschen Papiere. Aktien wurden zum Stammtischgespräch und mancher galt schon als hinterwäldlerisch, weil er keine im Depot hatte. Doch dauerte es nicht lange, da mussten viele Anleger schmerzlich erkennen, dass man mit Aktien auch arm werden kann. Vor allem Technologiewerte, deren Kurse zuvor in unrealistische Höhen hochgejubelt worden waren, entpuppten sich im neuen Jahrtausend als Geldvernichter.

Trotzdem bleibt die Investition in Aktien weiterhin attraktiv. Viele Kleinanleger haben das erkannt und halten den Dividendentiteln auch nach dem 2000er Minicrash die Treue. Gerade heute sind aber Wissen und Informationen rund um die Börsen wichtiger denn je: In diesem Sinn wünschen wir eine ertragreiche Lektüre.

Wem gehört die Firma? – Aktionäre als Eigentümer

Die große Mehrheit der Unternehmen in Deutschland gehört nur einem Eigentümer oder allenfalls einer kleinen Gruppe. Fremde haben hier keinen Zugang. Unter den 2,9 Millionen Firmen in der Bundesrepublik befinden sich gerade 9300 Aktiengesellschaften (AG) und Kommanditgesellschaften auf Aktien (KGaA) (Stand: August 2000) – Firmen also, die an ihre Eigentümer Anteilsscheine in Form von Aktien ausgeben. Von diesen wiederum sind bei weitem nicht alle an der Börse vertreten. An den deutschen Handelsplätzen sind gerade 1450 inländische Dividendentitel notiert (Stand: September 2000). Dazu kommen noch 9200 ausländische Papiere. Und nur diese börsennotierten Aktien sind für jeden käuflich zu erwerben.
Grundsätzlich ist jeder Aktienbesitzer Mitinhaber einer Firma. Ob er eine oder 10 000 Aktien in seinem Depot hat, macht da keinen Unterschied. Besonders augenfällig wird das auf den Hauptversammlungen, die jede Aktiengesellschaft einmal pro Jahr abhalten muss. Bei den großen Firmen drängen sich dann nicht selten einige tausend Aktionäre in großen Hallen, um unter anderem die Strategie des Managements vom vergangenen Jahr nachträglich gutzuheißen (oder eben auch nicht).
Dieses Recht spielt in Zeiten schneller Käufe und Verkäufe eine immer geringere Rolle, viele Anleger haben gar kein Interesse, es wahrzunehmen. Letztlich schneiden sich Aktionäre aber ins eigene Fleisch, wenn sie ein eventuell schlechtes Management ihrer Firma nicht interessiert. Denn mit ihrem Geld finanzieren sie die Gesellschaft und tragen damit ein nicht unerhebliches Risiko.
Auch Banken gehen zwar ein Risiko ein, wenn sie als Kreditgeber für Unternehmen fungieren. Im Pleitefall werden ihre Forderungen aber vorrangig berücksichtigt, weil es sich dabei um so genanntes Fremdkapital handelt. Die Aktionäre kommen dagegen bei einem Konkurs erst ganz zum Schluss an die Reihe, falls bei der Zerschlagung noch

Keine Schieflage für den Autobau – der BMW-Turm in München

irgendein Vermögensgegenstand übrig bleibt. Und auf diese glückliche Fügung sollte kein Anleger hoffen.

Wege zum Geld – Kurse und Dividenden

Wer in Aktien investiert, denkt nicht nur an das Risiko, sondern vor allem an die Chancen einer solchen Geldanlage. Generell können Aktienbesitzer aus zwei Faktoren Kapital schlagen. Ein Unternehmen mit soliden Gewinnen wird mit hoher Wahrscheinlichkeit einen Teil dieser Gewinne zum Jahresende wieder seinen Anteilseignern zukommen lassen – das ist schließlich der Sinn einer jeden Unternehmung. Die Ausschüttung umfasst meist nicht den gesamten Gewinn. Ein Teil wird als Rücklage für geschäftlich schlechtere Zeiten einbehalten oder investiert. Den für die Ausschüttung vorgesehenen Teil nennt man Dividende.

Auch über ihre Dividende entscheiden die Aktionäre grundsätzlich selbst. Der vom Management vorgeschlagene Betrag muss von den Anteilseignern auf der Hauptversammlung gebilligt werden. Für die deutschen Aktiengesellschaften waren das im Jahr 1999 knapp 20 Milliarden Euro.

Ob Unternehmen eine höhere oder eine geringere Dividende zahlen, hängt mittelbar

Ruhe vor dem Sturm – der Handelssaal der Börse Düsseldorf

aktionärsrechte

- ✔ Recht auf Dividende bzw. bei Auflösung der AG auf Liquidationserlös(anteilig)
- ✔ Stimmrecht in der Hauptversammlung
- ✔ Auskunftsrecht in der Hauptversammlung
- ✔ Bezugsrecht bei der Ausgabe neuer Aktien oder von Wandelschuldverschreibungen
- ✔ Minderheitsrechte, z.B. Geltendmachung von Ersatzansprüchen, Einberufung einer außerordentlichen Hauptversammlung oder Anfechtung des Beschlusses über die Verwendung des Bilanzgewinns

auch vom Börsensegment ab, in dem sie notiert werden. Wer hohe Dividenden haben will, fährt tendenziell besser, wenn er auf einen der so genannten Standardwerte zurückgreift. Während bei den Dax-Unternehmen die Gewinnausschüttung je Aktie 1999 durchschnittlich 0,36 Euro betrug, mussten sich Aktionäre aus dem Bereich des Neuen Marktes mit 0,03 Euro zufrieden geben – dabei waren die dortigen Kurse keineswegs im Durchschnitt zwölfmal billiger.
Der enorme Dividendenunterschied verwundert aber nur auf den ersten Blick. Denn die am Neuen Markt vertretenen Technologieunternehmen zeichnen sich in erster Linie durch ihr jugendliches Alter aus. Es handelt sich um Firmen, die für ihre anstehende Expansion Geld brauchen und deshalb an die Börse gehen. Gewinne und damit Dividenden sind für die ersten Jahre meist nicht vorgesehen. Im Gegenteil: Gerade in der Anfangszeit des Neuen Marktes waren Gewinne schon fast verpönt, zeugten sie doch vermeintlich von mangelnder Phantasie, vorhandene Finanzmittel einzusetzen. Die »Cash Burn Rate«, die die Schnelligkeit misst, mit der eingenommenes Geld wieder ausgegeben wird, wurde zu einem Qualitätsmerkmal. Der Einbruch der Technologietitel machte solchen Auswüchsen ein Ende: Seitdem sind Gewinne auch bei den Unternehmen des Neuen Marktes wieder gern gesehen.
Dennoch müssen hier die Anleger beim Gewinn im Vergleich zu den etablierten Firmen immer noch Abstriche machen. Als Ausgleich bieten die jungen Wachstumsfirmen dafür mehr Potenzial bei der Aktionärs-Einnahmequelle Nummer zwei, der Kursentwicklung. Stellt man die durchschnittliche Entwicklung in den Bereichen Dax und Neuer Markt gegenüber, zeigt sich: Im Zeitraum des Kursbooms zwischen 1998 und 2000 machten die Wachstumswerte ihrem Namen alle Ehre und spurteten fünfmal schneller nach vorne als die Standardwerte – freilich war der Fall danach umso tiefer.

übersicht

Dividende und Dividendensumme deutscher Aktien nach Marktsegmenten (Jahr: 1999)

Segment	Dividende je 1-Euro-Aktie ohne Steuergutschrift (in Euro)
Dax	0,36
MDax	0,23
Smax	0,22
Nemax-50	0,04
Nemax-All-Share	0,03
Geregelter Markt	0,16
Freiverkehr	0,26
Sonst. Amtl. Handel	0,23

Quelle: DAI-Factbook 2000

interview

Dass Vorzugsaktien auch Nachteile haben, wusste ich nicht. Ebenso wenig, dass es so viele Indizes gibt und dass man Börsentendenzen erkennen kann. Bulle und Bär waren für mich bis jetzt zwei große gefährliche Tiere. Jetzt bin ich »Marktteilnehmer« und weiß Bescheid über Aktien und Fonds, Risiken und Gebühren ...

BÖRSENBEGRIFFE LEICHT GEMACHT

In allen Medien wird der Leser/Hörer/Seher beim Thema Börse mit einer Fülle finanztechnischer Begriffe überschüttet, die ihn überfordern. Ein Börsenlexikon kaufen – das ist mit Sicherheit eine gute Investition, bevor Sie sich »auf das Parkett stürzen«.

Stämme und Vorzüge – Arten der Aktie

In der Börsensprache verleiten manche Bezeichnungen leicht zu einer Fehlinterpretation. Wenn man beispielsweise Henkel-Aktien erwerben will, bieten sich grundsätzlich zwei Anteilsarten an: die Stämme und die Vorzüge. Wer würde da instinktiv nicht lieber zu den Vorzügen greifen? Doch Vorsicht: Die mit dem Namen suggerierten Vorteile sind mit Nachteilen zu erkaufen. Denn der Hauptantrieb für eine Gesellschaft wie Henkel, zwei unterschiedliche Wertpapierarten auszugeben, liegt im Mitspracherecht der Aktionäre begründet. Gerade in dieser Disziplin sind Vorzugsaktien alles andere als vorzüglich: Die Aktionäre verzichten mit ihnen in der Regel auf ihr Stimmrecht in der Hauptversammlung. Wer daran

ohnehin kein Interesse hat, fährt mit Vorzugsaktien gut. Schließlich zahlt das Unternehmen als Ausgleich gelegentlich eine höhere Dividende. Wer als Firmenteilhaber jedoch auch ein Mitspracherecht bei der Unternehmenspolitik haben will, kommt an Stammaktien nicht vorbei. In der Praxis sind Vorzugsaktien aber ohnehin nicht allzu weit verbreitet. Lediglich 8 der insgesamt 30 Dax-Firmen haben neben ihren Stamm- auch Vorzugspapiere ausgegeben.
Weiter wird zwischen Namens- und Inhaberaktien unterschieden. Namensaktien feiern inzwischen eine kleine Renaissance, obwohl ihre Handhabung schwieriger ist als die der Inhaberpapiere. Wenn Unternehmen Namensaktien herausgeben, verpflichtet sie dies dazu, ein Aktienregister zu führen, in dem die Aktionäre mit Namen und Adresse verzeichnet sind. So wurde beim Börsengang der Deutschen Post AG im Herbst 2000 niemand Anteilseigner, der dem Unternehmen nicht seine Anschrift bekannt gegeben hatte. Für die Unternehmen ist es zweifellos von Vorteil, die eigenen Aktionäre zu kennen. Bei Inhaberaktien ist das nicht der Fall, dafür

Pro Sieben, Telekom und Infineon – Aktien werden als Anlageform immer beliebter.

übersicht

Folgende Dax-Firmen bieten neben Stamm- auch Vorzugsaktien an

✔ BMW	✔ RWE
✔ Fresenius Medical Care	✔ SAP
✔ MAN	✔ Metro
✔ Henkel	✔ Volkswagen

können diese Papiere einfacher den Besitzer wechseln.
Nennwertaktien und Stückaktien unterscheiden sich dadurch, dass bei den Nennwertpapieren auf der Aktie selbst ein Nennwert in Euro aufgedruckt ist. Er gibt an, mit welchem Betrag der Aktionär am Grundkapital und damit am Vermögen der Aktiengesellschaft beteiligt ist. Wichtig zu wissen: Mit dem Aktienkurs hat diese Zahl direkt nichts zu tun. Denn der Kurs bildet sich an der Börse aus Angebot und Nachfrage – er schwankt. Der Nennwert dagegen bezieht sich auf eine vorgegebene Bilanzgröße – er ändert sich damit nicht. Nach dem Aktiengesetz (AktG) ist der geringste Nennwert einer Aktie 1 Euro. Eine AG mit einem Grundkapital von 1 Mio. Euro könnte demnach also bis zu 1 Mio. Anteilsscheine ausgeben. Bei den seit 1998 in Deutschland zugelassenen Stückaktien wird ähnlich gerechnet, obwohl sie keinen Nennwert aufweisen. Jede repräsentiert einen bestimmten gleich hohen Teilbetrag des Grundkapitals: In der angeführten Rechnung könnte das zum Beispiel ein Millionstel von 1 Mio. Euro sein.

Indizes und Börsentendenzen

Den tieferen Sinn von Indizes erfahren wir Tag für Tag aufs Neue aus den Medien. »Der Dax hat heute wieder 50 Punkte zugelegt«, heißt es kurz in den Nachrichten, und jeder weiß auf die Schnelle Bescheid, wohin sich die Börse entwickelt hat.

Dax, Dow, Nikkei und Konsorten

Indizes wie der Deutsche Aktienindex können einen breiten Markt widerspiegeln, weil sie die Kursentwicklung von einigen Dutzend, einigen hundert oder gar einigen tausend Aktien in einer einzigen Zahl vereinen. Freilich handelt es sich dabei um eine Durchschnittszahl und dies beschreibt auch schon das Problem. Wenn 15 Aktien kräftig zulegen und 15 Aktien massive Verluste einfahren, wird sich das im Indexstand nicht ausdrücken. Im Gegenteil: Das Niveau bleibt unterm Strich unverändert, so dass ein unerfahrener Anleger entgegen der tatsächlichen Entwicklung glauben könnte, am Markt habe sich nichts getan. Trotz dieses grundsätzlichen Mangels erleichtern Indizes die Einschätzung von Börsen erheblich. Ein wichtiges Hilfsmittel stellen sie insbesondere für Anleger dar, die mehr als einen lokalen Markt im Blick haben. Wer zum Beispiel wissen will, wie sich die europäischen Börsen entwickelt haben, erfährt durch Länderindizes wie den britischen FTSE-100, den französischen CAC 40, den italienischen Mibtel oder den schweizerischen SMI Wichtiges in Kürze.

Der Dax® im Aufwind

Der Dax und seine Familie

Das wichtigste Börsenbarometer in Deutschland ist der von der Deutschen Börse berechnete Deutsche Aktienindex, besser bekannt unter seinem Kürzel Dax. In die Berechnung des Dax fließen die Aktienkurse der 30 größten und umsatzstärksten deutschen Unternehmen an der Frankfurter Wertpapierbörse ein. Die Zusammensetzung ist keineswegs dauerhaft festgelegt, sondern wird in regelmäßigen Abständen immer wieder aktualisiert. Diese Prüfungen stoßen bei den Anlegern auf hohes Interesse, weil Dax-Nachrücker mit kräftigen Kursgewinnen rechnen dürfen. Hintergrund dafür ist die Tatsache, dass Unternehmen in bekannten Indizes wie dem Dax von einer breiten Aufmerksamkeit profitieren. Zusätzliche Kaufnachfrage kommt dann von ausländischen Anlegern sowie von institutionellen Investoren, die diese Indizes in so genannten

Indexfonds nachbilden und deswegen einen Nachrückerwert kaufen müssen.
Welche dominierende Rolle die Dax-Unternehmen im Reigen der deutschen Aktiengesellschaften spielen, zeigt sich darin, dass sie rund 60 Prozent des Börsenumsatzes mit inländischen Aktien (Stand: 1999) auf sich vereinen. Die Bezeichnung »Standardwerte« führen die 30 Titel nicht zu Unrecht.
Der Dax selbst wird auf Basis der Kursänderungen im elektronischen Börsenhandelssystem Xetra nach einer komplizierten Summenformel alle 15 Sekunden neu berechnet. Grundsätzlich kann man an ihm ablesen, wie sich eine dem Index entsprechend gewichtete Geldanlage in die Standardwerte im Lauf der Zeit entwickelt hätte. Aus einem Betrag von 1000 Euro am 30. Dezember 1987 – damals wurde die Indexbasis mit 1000 Punkten festgelegt – wäre im Frühjahr 2001 ein Vermögen von rund 6000 Euro geworden: Anfang Mai etwa stand der Dax bei 6100 Zählern.
Aus dem Dax ist inzwischen eine ganze Indexfamilie hervorgegangen. So gibt es den MDax, der die Entwicklung von 70 Aktien mittelgroßer Gesellschaften widerspiegelt, den SDax für kleine und mittelständische Unternehmen und den CDax, der Branchenentwicklungen darstellt. Einer breiten Öffentlichkeit bekannt ist vor allem der Nemax für die Papiere des Frankfurter Börsensegments Neuer Markt. Dieses Stimmungsbarometer für die Wachstumswerte existiert in zwei Ausführungen: dem Nemax-50 für die 50 größten NM-Unternehmen und dem Nemax-All-Share-Index, der seinem Namen entsprechend alle Titel des Neuen Marktes beinhaltet.

übersicht

Die Dax-Aktien und ihre Gewichtungen

✔ adidas-Salomon	0,35%
✔ Allianz	9,87%
✔ BASF	3,23%
✔ Bayer	4,00%
✔ BMW	2,99%
✔ Commerzbank	1,86%
✔ Deutsche Bank	6,28%
✔ DaimlerChrysler	6,11%
✔ Degussa	0,81%
✔ Deutsche Post	1,19%
✔ Dresdner Bank	3,51%
✔ Dt. Telekom	11,97%
✔ E.ON	5,36%
✔ EPCOS	0,52%
✔ Fresenius Medical Care	0,84%
✔ Henkel	1,21%
✔ HypoVereinsbank	3,60%
✔ Infineon Technologies	2,74%
✔ Lufthansa	0,91%
✔ Linde	0,71%
✔ MAN	0,48%
✔ Metro	1,63%
✔ Münchener Rück	6,88%
✔ Preussag	0,82%
✔ RWE	3,10%
✔ SAP	5,70%
✔ Schering	1,54%
✔ Siemens	8,04%
✔ Thyssen Krupp	0,96%
✔ Volkswagen	2,82%

Stand Juni 2001

übersicht

Veränderungen im Dax seit 1990

Datum	ausgeschiedene Gesellschaft	neue Gesellschaft
03.09.90	Feldmühle Nobel	Metallgesellschaft
	Nixdorf	Preussag
15.09.95	Deutsche Babcock	SAP
20.09.96	Continental	Münchener Rück
18.11.96	Metallgesellschaft	Deutsche Telekom
19.06.98	Bay. Hypo- und Wechsel-Bank	adidas-Salomon
17.09.99	Hoechst	Fresenius Med. Care
14.02.00	Mannesmann	Epcos
19.06.00	Veba	EON
	Viag	Infineon
19.03.01	Karstadt Quelle	Deutsche Post

Stand Mai 2001

Dow-Jones-Stoxx-Indizes

Auf europäischer Ebene haben sich die Dow-Jones-Stoxx-Indizes einen Platz weit vorne in der Anlegergunst gesichert. Die Bezeichnung ahmt lautmalerisch das englische Wort für Aktien nach. Auch hier existiert mittlerweile eine ganze Indexfamilie. Die wichtigsten Vertreter sind der Stoxx-50- sowie der Euro-Stoxx-50-Index. Sie beinhalten 50 Großunternehmen aus Europa beziehungsweise aus der Eurozone. Börsenbeobachter sagen seit einiger Zeit einen Bedeutungsverlust der nationalen Indizes und einen Zugewinn für diese internationalen Börsenindikatoren voraus – eine Entwicklung, die sich bislang noch nicht bestätigt hat. In Deutschland nimmt nach wie vor der Dax den ersten Rang ein.

Dow-Jones-Industrial-Average-Index

In den Vereinigten Staaten beheimatet ist einer der berühmtesten Indizes der Welt, der Dow-Jones-Industrial-Average-Index. Das US-Börsenbarometer hat sich seine Bekanntheit über einen Zeitraum von mehr als 100 Jahren erarbeitet: Seit 1884 wird es vom Medienunternehmen Dow Jones berechnet. Wie der Dax umfasst auch der Dow 30 Aktien, darunter so illustre Namen wie Boeing, Coca-Cola, Disney, IBM und McDonald's.

Ebenfalls auf ein ehrwürdiges Alter zurückblicken kann der S&P-500-Index, der seit den 20er Jahren von der Rating-Agentur (Agentur zur Bewertung von Kreditrisiken bei Wertpapieren) Standard & Poor's berechnet wird. Mit 500 Aktien bildet er einen viel breiteren

Teil des Marktes ab als der Dow. Anleger erhalten damit eine wichtige ergänzende Information, die auch die Entwicklung der Nebenwerte mit einschließt.

Nasdaq-Composite-Index

Seit dem Boom des Neuen Marktes in Deutschland ist mit dem Nasdaq-Composite-Index ein weiterer amerikanischer Index ins Blickfeld der hiesigen Investoren gerückt. Er umfasst rund 5000 an der Computerbörse Nasdaq gehandelte Aktien, in erster Linie Technologiepapiere. Aus diesem Grund charakterisieren Börsenbeobachter den Index oft als »technologielastig«. So wie der Dow Jones als Taktgeber für die deutschen Standardwerte angesehen wird, kommen die Vorgaben für den Frankfurter Neuen Markt meist von der Nasdaq. Wenn die US-Börsen schwächeln, zieht dies normalerweise auch die deutschen Märkte nach unten. Dahinter steht die Sorge, dass eine Schwäche der großen US-Wirtschaft sich zumindest mittelfristig auch in den anderen Weltregionen bemerkbar macht.
Im Vergleich zum massiven Einfluss Amerikas haben Börsenentwicklungen in Asien auf Europa deutlich geringere Auswirkungen, wenn es sich nicht gerade um einen Crash handelt. Trotzdem verfolgen professionelle Anleger auch die Trends an den asiatischen Märkten und insbesondere am japanischen. Im Mittelpunkt des Interesses steht dabei der

Die US-Börsen sind Taktgeber für die Börsen der Welt.

übersicht

Die Dow-Werte

- Alcoa
- American Express
- AT&T
- Boeing
- Caterpillar
- Citigroup
- Coca-Cola
- Disney (Walt)
- Du Pont
- Eastman Kodak
- Exxon
- General Electric
- General Motors
- Hewlett-Packard
- Home Depot
- Honeywell
- Intel
- IBM
- International Paper
- J.P. Morgan
- Johnson & Johnson
- McDonald's
- Merck & Co.
- Microsoft
- Minnesota Mining
- Philip Morris
- Procter & Gamble
- SBC Communications
- United Technologies
- Wal-Mart

Stand Mai 2001

Nikkei-Index, dem 225 Aktien aus dem amtlichen Handel der Tokioter Börse zugrunde liegen. Eine ebenfalls wichtige Rolle im Asiengeschäft spielt der Hang-Seng-Index am Handelsplatz Hongkong.
Wer Indizes und damit unterschiedliche Märkte vergleichen will, muss Vorsicht walten lassen. Denn die Börsenbarometer sind zum Teil recht unterschiedlich konstruiert. So fließt in den Dax die Marktkapitalisierung eines jeden Indexmitglieds ein, also der Kurs multipliziert mit der Anzahl der umlaufenden Aktien. Große Unternehmen mit hohem Grundkapital bestimmen den Indexstand stärker als kleinere mit geringerem Grundkapital. Anders ist es beim Dow-Jones-Index, wo nur der Kurs eine Rolle spielt. Für die Analyse heißt das, dass ein Verlust von 1 Prozent im Dax nicht identisch ist mit einem 1-Prozent-Minus beim Dow. Vergleichbar ist streng genommen nur die generelle Tendenz.

Fest oder nur knapp behauptet – Börsentendenzen enträtselt

Ein Index beschreibt die Börsenentwicklung eines Tages in einer einzigen Zahl. Das ist zwar für die erste Einschätzung des Geschehens aufschlussreich, sollte ambitionierteren Anlegern aber nicht genügen. Sie stützen sich mindestens noch auf die täglichen Börsenberichte, wie sie von Wirtschaftsnachrichtenagenturen wie Reuters, Bloomberg, vwd oder dpa-AFX angeboten werden und in den Wirtschaftsteilen der Tageszeitungen abgedruckt sind. Manche dieser Berichte sind von Fachsprache dominiert und die beginnt gelegentlich schon im ersten Satz bei der Gesamteinschätzung des Marktes. Die folgende Aufstellung kann die Interpretation erleichtern. Die genannten zahlenmäßigen Bewertungen sind nur als Anhaltspunkte zu betrachten, da hierfür keinerlei feste Normen existieren.

→ **Hausse:** Davon spricht man normalerweise nur, wenn die Kurse über einen längeren Zeitraum stark steigen. Gelegentlich wird die Bezeichnung jedoch auch für kräftige Zuwächse auf breiter Front innerhalb von nur einem Tag verwendet. Im Durchschnitt sollten es dann wenigstens 5 Prozent plus sein.

→ **Sehr fest:** Bei einer sehr festen Börse stört kaum ein Kurs-Minuszeichen den kräftigen Marktoptimismus. Im Durchschnitt sind Zuwächse zwischen 3 bis 5 Prozent dieser Tendenz angemessen.

→ **Fest:** Anstiege zwischen 1,5 und 3 Prozent kennzeichnen eine feste Börse. Die eine oder andere Aktie tendiert in den negativen Bereich, trübt aber kaum das gute Gesamtbild.

→ **Freundlich:** Wenn sich unter den 30 Dax-Werten 20 Kursgewinner befinden, kann man zu Recht von einer freundlichen Tendenz sprechen. Unterm Strich bewegen sich die Zuwächse dann in einer Größenordnung zwischen 0,5 und 1,5 Prozent.

→ **Behauptet:** Dieses Adjektiv sagt aus, dass sich im Vergleich zum Vortag durchschnittlich nicht allzu viel am Aktienmarkt getan hat. Wenn sich ein Standardwerteindex wie der Dax in einer Spanne zwischen minus und plus 0,5 Prozent bewegt, kann man von einer behaupteten Tendenz sprechen. Die Beiwörter »gut« beziehungsweise »knapp« weisen auf einen leichten Trend ins Positive beziehungsweise ins Negative hin.

→ **Uneinheitlich:** Ein uneinheitlicher Trend liegt dann vor, wenn die Zahl der Kursgewinner die der -verlierer übersteigt und der Index trotzdem ins Minus rutscht – oder bei einer positiven Indexentwicklung und mehr Verlierern als Gewinnern. Solche Entwicklungen sind möglich, weil bei Indizes wie dem Dax die Marktkapitalisierung in die Berechnung einfließt, also Unternehmen mit vielen ausgegebenen Aktien ein höheres Gewicht erhalten.

→ **Nachgebend/Leichter:** Die Verlierer sind in der Überzahl. Wenn sich das Minus auf durchschnittlich 0,5 bis 1,5 Prozent beläuft, sind diese beiden gleichwertigen Bezeichnungen an der Tagesordnung.

→ **Schwach:** Schwache Börsentage bringen durchschnittliche Verluste in einer Größenordnung zwischen 1,5 und 3 Prozent mit sich. Aktien mit Zuwächsen bilden die Ausnahme.

übersicht

Die wichtigsten Indizes

Dax	6 249,58 Punkte
Dow Jones Euro-Stoxx 50	4 558,99 Punkte
Dow Jones Industrial	11 289,70 Punkte
S&P 500	1 303,83 Punkte
Nasdaq-Composite	2 277,01 Punkte
Nikkei	14 176,83 Punkte
Hang Seng	13 721,27 Punkte
FT-SE 100	5 941,60 Punkte

Stand 21.05.01

→ **Sehr schwach:** Wenn die Kursverluste auf etwa 3 bis 5 Prozent anwachsen, ist die Verstärkung des Urteils »schwach« angebracht. In solchen Phasen eines großen Pessimismus sind Pluszeichen auf dem Kurszettel kaum existent.
→ **Crash/Baisse:** In der schlimmsten aller Börsenperioden können auch Standardwerte zweistellige prozentuale Abschläge verbuchen, im Durchschnitt werden es mehr als 5 Prozent sein. Analog zur Hausse wird von Baisse gesprochen, wenn sich über eine längere Zeit größere Kursverluste einstellen.

Bei den Zahleneinschätzungen ist zu beachten, dass sie sich auf »Blue-Chip«-Märkte beziehen, also auf Standardwerte. Etwas großzügigere Maßstäbe legt man bei Wachstumsaktien an. Während im Dax ein Verlust von 3 Prozent schon eine außerordentliche Kursschwäche darstellt, wird derselbe Prozentsatz am Neuen Markt als ein eher durchschnittlicher Verlust angesehen. Das verwundert nicht, wenn man bedenkt, dass es in diesem Segment auch schon zu Kursausschlägen von mehr als 50 Prozent bei einzelnen Aktien gekommen ist. Bei den Standardwerten gilt ein solch extremes Auf und Ab der Kurse an einem Tag als praktisch ausgeschlossen.

Die tägliche Lektüre des Börsenteils – Pflicht für jeden Anleger

Alles über Bullen und Bären

Auf dem Platz vor der Frankfurter Wertpapierbörse befindet sich eine Skulptur, die bei Touristen äußerst beliebt ist. Ein mächtiger metallisch schimmernder Bulle und ein geduckter Bär stehen sich dort gegenüber und blicken sich grimmig an. Nicht ohne Grund: Der Bulle soll mit seinen nach oben gerichteten Hörnern den Aufschwung an der Börse symbolisieren, der seinen Kopf nach unten neigende Bär die Talfahrt.
Börsianer sprechen analog dazu von Bullen und Bären, wenn sie optimistisch beziehungsweise pessimistisch gestimmte Händler und Anleger meinen. Gerne benutzt werden auch die englischen Adjektive »bullish« und »bearish«, um die jeweilige Stimmung am Markt zu charakterisieren. Häufig verwenden Börsianer auch den Ausdruck »bull market« in Zeiten steigender Kurse, die zu einer Hausse führen, und den Begriff »bear market«, wenn die Kurse immer weiter fallen und in einer Baisse »lan-

den«. Wortschöpfungen wie »Bullenfalle« haben dann Konjunktur, wenn in einem längerfristig abwärts gerichteten Markt plötzlich kurzfristig die Kurse steigen. Dann nämlich, so die Bedeutung des bildlichen Begriffs, kauft mancher Kursoptimist kräftig ein und hat das Nachsehen, wenn es bald wieder abwärts geht. Beliebt bei Börsenberichterstattern sind auch die »Marktteilnehmer«. Mit diesem etwas undurchsichtigen Begriff werden grundsätzlich alle am Handelsgeschehen Beteiligten belegt: also sowohl die eigentlichen Händler wie auch die Anleger, die jene mit Aufträgen versorgen. Und wo bewegen sich die Händler bei ihrer Arbeit? Selbstverständlich auf dem »Parkett«, dem Holzboden des Börsensaals. In Wirklichkeit jedoch stirbt dieser so genannte Präsenzhandel aus.

Auch wenn die Moderatoren von Börsen-TV-Sendungen gerne vor dem Hintergrund des Frankfurter Börsensaals ihre Tipps abgeben: Sie tun es vor einer zusehends leerer werdenden Kulisse. Denn immer umfangreichere Handelsvolumina werden nur noch über das vollelektronische Börsenhandelssystem Xetra abgewickelt. Wer als Händler mit diesem System arbeitet, muss nicht mehr in einem Handelssaal unter lautem Geschrei seine Arbeit verrichten. Stattdessen kann er – Xetra-Anschluss vorausgesetzt – mit seinem Computer irgendwo auf der Welt sitzen und Order eingeben. Der Zeitpunkt ist absehbar, an dem die Ära der Handelssäle und damit der Präsenzbörsen – auch die größte Börse der Welt, die New York Stock Exchange, gehört dazu – zu Ende geht. Die elektronischen Börsen der Zukunft haben keinen Ort mehr.

Zwei Widersacher – zwei Symbole: Bulle und Bär vor der Frankfurter Börse

Wenn Unternehmen an die Börse gehen

Bevor Aktien an der Börse gehandelt werden, müssen sie erst einmal dort ankommen. Über den so genannten Börsengang entscheidet eine Aktiengesellschaft selbst und beileibe nicht jede AG hat daran überhaupt Interesse. Viele Firmengründer halten die Anteilsscheine lieber selbst oder beteiligen allenfalls noch Familienmitglieder oder Bekannte am Unternehmen. Wer als Vorstand einen Börsengang anstrebt, lässt damit auch fremden Einfluss zu: Denn jeder Aktionär ist schließlich Firmenmitinhaber und kann zumindest in der Hauptversammlung über Unternehmensbelange mit entscheiden.

Wenn eine Aktiengesellschaft dann doch an die Börse geht, nennt man dies Neuemission. Das breite Anlegerpublikum erhält in diesem Fall zunächst das offizielle Angebot, Aktien des Unternehmens zu kaufen. Im Fachjargon spricht man von »zeichnen«. Der Kaufwillige muss dabei mit einem Auftrag bei seiner Bank sein Interesse an einer bestimmten Anzahl von Dividendenpapieren bekunden. Ob er sie auch tatsächlich bekommt, ist damit noch nicht ausgemacht. Wenn die AG weniger Aktien ausgibt, als Anleger zeichnen wollen, gehen einige Interessenten entweder vollkommen leer aus oder sie erhalten eine geringere Anzahl als gewünscht.

Anleger erfahren über neue Börsengänge in erster Linie aus den Medien. Firmen kündigen oft schon Monate vor dem Ereignis ihr Vorhaben an. Meist zwei Wochen vor dem geplanten ersten Handelstag der Aktie veranstalten sie eine Pressekonferenz, in der die Bedingungen der Neuemission bekannt gegeben werden. In erster Linie wird dabei die so genannte Bookbuilding-Spanne veröffentlicht, die einen minimalen beziehungsweise maximalen Ausgabepreis für die Aktien nennt. Dieses Verfahren hat das frühere Festpreisverfahren abgelöst, weil die Firmen damit flexibler auf die Nachfrage eingehen können: Bei hohem Interesse wird der kurz vor der ersten Handelsnotiz festgelegte Ausgabepreis eher am oberen Ende der Bookbuilding-Spanne zu finden sein, bei geringem Interesse eher am unteren Ende.

Als Anleger hat man die Möglichkeit, mit dem Zeichnungsauftrag ein Limit zu setzen. Wenn die Bookbuilding-Spanne – auch als Preisfindungsspanne bezeichnet – beispielsweise 7 bis 9 Euro beträgt und Interessenten ein Limit von 8 Euro setzen, werden sie bei einem Zuteilungspreis von 7,50 Euro berücksichtigt, nicht mehr jedoch bei 8,50 Euro.

In der Praxis zeichnen Anleger jedoch meist ohne Limit, weil sie grundsätzlich bereit sind, den oberen Preis der Preisfindungsspanne zu bezahlen.

Zu Zeiten des Booms am Neuen Markt setzten fast alle Börsengänger ihre Aktien auch zu diesem Höchstpreis ab. Mit der sich anschließenden Börsenflaute nahm auch das Interesse an Neuemissionen merklich ab. Viele Firmen verschoben kurzfristig ihre angekündigten Börsengänge oder verkauften ihre Aktien zu einem Preis am unteren Ende der Bookbuilding-Spanne. Neuemissionen wie die der Deutschen Börse AG im Februar 2001 – einer der größten Börsengänge in diesem Jahr – waren da schon die Ausnahme. Der Betreiber der Frankfurter Wertpapierbörse verkaufte seine Aktien mit 335 Euro pro Stück zum Höchstpreis; kein Wunder, war die Nachfrage an der Neuemission doch 23-mal größer als die angebotene Aktienmenge. Man spricht in diesem Zusammenhang von einer 23fachen Überzeichnung.

Erst dann, wenn ein Unternehmen seine Aktien (oder auch nur einen Teil davon) auf diese Weise verkauft hat, kann der eigentliche Börsenhandel beginnen. Mit Spannung blicken die Zeichner auf den ersten Kurs, der sich an der Börse bildet. Der Start des Börsenhandels offenbart, ob die Aktienkäufer ein gutes Geschäft gemacht haben und so genannte Zeichnungsgewinne einfahren können, wenn die Kurse über dem Ausgabepreis liegen. Oder ob es ein schlechtes Geschäft war – dann nämlich, wenn der Börsenkurs unter den Ausgabepreis fällt, sie die Aktien also an der Börse billiger bekommen hätten. Dieses Schicksal teilten in den Jahren 2000 und 2001 viele Zeichner von Neuemissionen.

Unternehmen verfügen über zwei Möglichkeiten, Neuemissionen zu gestalten. Zum einen können sich Altaktionäre von ihren Papieren trennen, zum anderen können die Firmen im Rahmen einer Kapitalerhöhung auch ganz neue Aktien ausgeben. Für Anleger ist dieser Unterschied nicht ganz unerheblich. Ein Aktienverkauf der bisherigen Anteilseigner kann ein Indiz für nachlassendes Vertrauen zum eigenen Unternehmen sein. Zudem fließt dieses Geld in die Taschen der Altaktionäre, während das durch eine Kapitalerhöhung erlöste Geld dem Unternehmen zugute kommt.

Kaufen oder verkaufen? Das ist hier die Frage. Der erste Kurs offenbart es.

interview

Eigentlich bin ich schon ziemlich fit in Börsenangelegenheiten, aber von Aktien lasse ich doch lieber die Finger und investiere in einen Fonds, denn: »Das Ziel der (Fonds-)Gesellschaften ist, den kleinen Sparern dieselben Vorteile zu verschaffen wie den Reichen.« Dieser Spruch hat mich beeindruckt, außerdem ist das Investmentsparen mit weniger Arbeit verbunden; die machen andere für mich – gegen Gebühr.

LIEBER FONDS ALS AKTIEN KAUFEN?

Fonds sind einem Korb vergleichbar, in dem sich große Mengen vieler verschiedener Aktien befinden. Der Wert eines solchen Korbs beläuft sich im Allgemeinen auf mehrere Millionen Euro, auch Fonds mit einem Umfang von mehreren Milliarden Euro sind keine Seltenheit.

Miteigentümer wird man durch den Kauf von Fondsanteilen. Ein Anteil repräsentiert lediglich einen bestimmten Bruchteil am gesamten Fondsvermögen. Über einzelne Papiere im Fonds kann der Fondsbesitzer also nicht verfügen. Welche Aktien der Fonds enthält, auch darüber entscheidet er lediglich indirekt. Wer zum Beispiel einen Internetfonds-Anteil erwirbt, kann davon ausgehen, dass dort auch in Internetaktien investiert wird.

Heute können Investoren auf eine breite Angebotspalette zurückgreifen: Rentenfonds beinhalten Anleihen, gemischte Fonds Aktien und Anleihen, Immobilienfonds legen in Büro- und Geschäftsgrundstücken an, Geldmarktfonds in festverzinslichen Wertpapieren mit sehr kurzen Laufzeiten. Insgesamt sind alleine in Deutschland etwa 6000 Fonds im Angebot. Das Interesse hat sich in den vergangenen Jahren immer stärker auf Aktienfonds gerichtet, die mit einer großen Vielfalt aufwarten. Es gibt Aktienfonds, die nur Titel aus dem Deutschen Aktienindex enthalten, andere sind auf Werte vom Neuen Markt spezialisiert. Wer nur an japanischen Papieren interessiert ist, wird ebenso fündig wie Anleger, die mit Goldminenaktien reich werden wollen.

Risiko streuen – Vorteile der Fondsanlage

Die Idee des Investmentsparens lässt sich bis in das 19. Jahrhundert zurückverfolgen. Eine der ersten Fondsfirmen, der 1868 errichtete »Foreign and colonial government trust«, gab im Gründungsprospekt die egalitäre Devise aus: »Das Ziel der Gesellschaft ist, den kleinen Sparern dieselben Vorteile zu verschaffen wie den Reichen.« Dieses Motto hat auch noch heute seine Berechtigung. Tatsächlich käme es Kleinanleger ziemlich teuer, die vorteilhafte Risikostreuung eines Fonds mit Einzelaktien nachahmen zu wollen. Wer etwa einen Betrag von 3000 Euro in 15 Werte breit anlegen wollte, müsste 15 Aufträge über eine Summe von jeweils 200 Euro erteilen – eine kostenträchtige Angelegenheit angesichts der fälligen Gebühren. Normalerweise schlagen bei Aktienkäufen und -verkäufen Kosten in einer Größenordnung von 1 Prozent der Kaufsumme zu Buche. Meist erheben die Banken aber eine Mindestgebühr pro Auftrag, die zwischen 10 und 25 Euro liegt. Bei einer 200-Euro-Order wären das also schon rund 10 Prozent der Auftragssumme.

exotische fonds

Name	WKN	Anlagefokus
GAMAX Funds-Junior	984703	Unternehmen mit Kinder- und Jugendbezug
Investor DSF Fonds	933881	Sport- und Medienbranche
Picet GSF-Water	933349	Wasserversorgungssektor
The Emerging Markets Brewery Fund	986597	Brauerei- und Getränkefirmen in Schwellenländern
VMR Fund-Women's World	939932	Attraktive Unternehmen und Marken für Frauen

Quelle: FERI Trust

Investmentfonds sind häufig die bessere Wahl für Anfänger.

Für Fonds spricht außerdem, dass ein professioneller Vermögensverwalter, der Fondsmanager, dem Anleger viel Arbeit abnimmt. Diese Profis werden gut dafür bezahlt, dass sie ihren Aktienkorb ständig im Blick haben und nach attraktiven Investitionsmöglichkeiten Ausschau halten. Wer als Privatperson dagegen Einzelaktien kauft, übersieht in der Fülle der Informationen leicht die entscheidende. Gerade für Börsenanfänger stellen Fonds also oft die bessere Wahl dar.

Für Bequemlichkeit zahlen: Nachteile der Fondsanlage

Auch wenn man grundsätzlich mit Fonds Gebühren sparen kann: Die »Profi-Betreuung« kostet ihr Geld. Der Verkauf der Fondsanteile ist zwar gebührenfrei, beim Erwerb fällt aber ein so genannter Ausgabeaufschlag von bis zu 6 Prozent an, mit dem

erfolgreiche fonds

Name	WKN	5-Jahres-Performance p.a. in %
DWS Vermögensbildungsfonds I	847652	31,6
DWS (CH)-Aktien	974087	26,7
Anglo Irish Global Equity	987927	25,4
Intervest	847401	24,1
SMH-International UBS-Fonds	848821	23,8

Quelle: FERI Trust
Stand: 30.04.2001

neue-markt-fonds

Entwicklung ausgewählter Wachtumswertefonds zwischen März 2000 und März 2001

Name	WKN	Performance p.a. in %
UniDynamicFonds: Europa A	987194	–54,1
NESTOR Europa Neue Märkte Fonds	933451	–54,4
SEB Invest Neue Märkte	989941	–57,0
H & A Lux Neue Märkte	926222	–58,6
Nordinvest EuropGrowth	979204	–58,9

Quelle: FERI Trust
Stand: 30.04.2001

die Gesellschaften ihre Vertriebskosten decken. Angesichts dieser beachtlichen Höhe verbietet sich ein häufiger Wechsel normaler Fonds.
Um auch Kunden anzuziehen, die ihre Wertpapiere häufiger umschichten möchten, bieten die Fondsgesellschaften seit geraumer Zeit Fonds ohne Ausgabeaufschlag an. Zu erkennen sind diese Produkte an Zusatzbezeichnungen wie »Typ O« oder »net«, gelegentlich werden sie als »Trading-Fonds« bezeichnet. Freilich kommt die Branche bei den aufschlagsfreien Fonds ebenfalls auf ihre Kosten, und zwar in Form wesentlich höherer Verwaltungsvergütungen. Diese im Gegensatz zum Ausgabeaufschlag bei praktisch allen Fonds regelmäßig erhobene Gebühr beträgt dann bis zu 1,5 Prozent pro Jahr und kann damit fünfmal höher liegen als der normale Satz.
Neben den Kosten sollten Fondsinteressenten einen weiteren Aspekt nicht unberücksichtigt lassen: Wer in Fonds investiert, ist grundsätzlich ähnlichen Aktienmarktrisiken ausgesetzt wie der Käufer von Einzelaktien. Jeder, der im Jahr 2000 in einen Neuer-Markt-Fonds investiert hat, kann ein Lied davon singen. In dem als Wachstumssektor apostrophierten Frankfurter Börsensegment rutschten die Kurse innerhalb eines Jahres um rund 80 Prozent und davon waren auch die hier investierenden Fonds nicht ausgenommen.
Auch bei Fonds legt also der Investor je nach Auswahl zuallererst selbst die Basis für künftige Gewinne oder Verluste.

Anlage-strategien

Nur wenige haben mit Aktien einen so dauerhaften Erfolg wie Investmentstars vom Schlage eines Warren Buffett, eines Peter Lynch oder einer Elisabeth Weisenhorn. Aber der Privatanleger kann von den Profis lernen – sowohl im Positiven als auch im Negativen, denn auch die Experten liegen nicht immer richtig.

interview

Wie gerne würde ich einmal Mäuschen sein bei Warren Buffett, Peter Lynch oder Elisabeth Weisenhorn.
Was wohl das Erfolgsgeheimnis dieser Superstars ist? Na ja, bis ich dahinterkomme, werde ich auf jeden Fall die Finger von Optionen und Futures lassen und auch keinesfalls in konkursgefährdete Firmen investieren, denn gute Unternehmen werden besser – schlechte aber nur selten. Und dass ich für meine nächste Anlage keinen Kredit aufnehme, versteht sich von selbst.

PROFIS ALS VORBILDER UND ABSCHRECKENDE BEISPIELE

Bei Fondsmanagern geht man gemeinhin davon aus, dass sie ein goldenes Händchen bei der Verwaltung der ihnen anvertrauten Gelder haben – schließlich beschäftigen sie sich in ihrem Berufsleben tagtäglich mit nichts anderem. Doch auch die Fachleute sind vor mittelmäßigen bis schlechten Ergebnissen nicht gefeit.

Top-down und Bottom-up: Investmentansätze

Bei der so genannten »Bottom-up«-Betrachtung sucht das Management interessante Einzelwerte heraus. Dabei wird unter anderem geprüft, wie innovativ die Produktstrategie des Unternehmens ist, wie qualifiziert das

Management vorgeht, wie es um Umsatz und Gewinn steht. Vor allem Fonds, die in kleine börsennotierte Firmen investieren, verfahren nach diesem Ansatz. Die Länderquote und die Branchenstruktur des Fonds ergeben sich dann eher zufällig, sie sind bei der »Bottom-up«-Methode zweitrangig.
Eine ganz andere Vorgehensweise liegt dem »Top-down«-Ansatz zugrunde. Hier bewertet das Fondsmanagement eine Aktie vor dem Hintergrund der gesamtwirtschaftlichen Lage eines Landes oder einer Branche. Es werden einzelne Anlageländer oder Branchen aufgrund ihrer Wachstumspotenziale ausgesucht und daraus dann Einzelwerte gewählt, die in ihrem Konkurrenzumfeld Wettbewerbsvorteile aufweisen. Diesen Ansatz nutzen die Experten vor allem dann, wenn die Auswahl an Aktien zu groß ist, wenn der Fonds etwa europaweit oder weltweit investiert.
Welche Vorgehensweise die bessere ist, ist kaum allgemein zu beurteilen, sondern hängt vom Einzelfall ab. Bei »Bottom-up« ist grundsätzlich das Risiko etwas höher. Wenn man sich bei der Auswahl vertut, stellen sich schnell größere Verluste ein. Auf der anderen Seite sind die Gewinnmöglichkeiten höher, wenn man tatsächlich auf eine Unternehmensperle stößt.

Auch Profis scheitern hin und wieder

Davon erzählt die Branche naturgemäß eher ungern. Aus den Fehlern der Fondsprofis kann man aber lernen. Hinter vorgehaltener Hand macht ein Fondsmanager einer großen deut-

Ein Fachmann bei der täglichen Arbeit

schen Investmentgesellschaft mehrere Faktoren für das Scheitern von Kollegen aus. Zu den wichtigsten gehört nach seiner Ansicht, dass bei vielen Fonds die Grundmenge der Aktien zu groß ist. Vor allem Portfolios, die europa- oder weltweit investieren, hätten einen zu breiten Horizont. »Und das machen auch viele Privatanleger falsch. Sie wollen bei allen spektakulären Kursgewinnen dabei sein. Man kann aber nicht auf allen Hochzeiten tanzen, sondern sollte frühzeitig Schwerpunkte setzen, um das Potenzial bei wenigen Werten zu erkennen. Denn wo viele Chancen sind, gibt es auch viele Risiken«, warnt der Profi.
Für Fondsanleger machen sich Fehler des Managements nicht gleich bemerkbar. »Im Gegenteil, das kann eine Weile sogar gut gehen wie zum Beispiel von 1999 bis zum März 2000, als die meisten Werte extrem gestiegen sind. Man musste nur draufspringen, es ist alles gestiegen«, resümiert der Frankfurter Investmentspezialist. Schlechte Fondsmanager hätten damals sogar besser

abgeschnitten. Privatinvestoren ahmten die vermeintliche Gewinnerstrategie nach – und fielen auf die Nase. Der Rat des Experten: »Mit einfachem Nachmachen ist kein Geld zu verdienen. Man muss selbst von der Strategie überzeugt sein.«
Überhaupt ist es nicht so einfach, die wirklich Erfolgreichen nachzuahmen. Als ein solcher gilt Peter Lynch, der für die amerikanische Gesellschaft Fidelity 13 Jahre lang den Magellan-Fonds verwaltete, der ausschließlich in US-Aktien anlegt. Lynch ist als typischer Bottom-up-Stratege bekannt, als so genannter »Stock-Picker«, der eine strenge Auswahl einzelner Unternehmen trifft. Auf der Suche nach »verborgenen Perlen« tourte Lynch quer durch die USA, untersuchte Unternehmen und befragte die Konkurrenz. Mit Erfolg: Lynchs Magellan-Fonds legte Jahr für Jahr kräftig zu.
In Deutschland gehörte Elisabeth Weisenhorn lange Zeit zu den Superstars des Gewerbes. Während ihrer Tätigkeit für die Deutsche-Bank-Fondstochter DWS warb ihr Arbeitgeber mit dem Spruch: »Diese Frau macht Sie zum Millionär.« Als Weisenhorns Erfolgsrezept nennen Kollegen intensive Kontakte zum Management der Unternehmen, zu Brokern und Analysten sowie die Fähigkeit, frühzeitig Potenziale zu erkennen. Freilich demonstriert gerade der Fall Weisenhorn die Ambivalenz des Erfolgs in der Finanzbranche. Hinter Weisenhorn standen etliche Managerkollegen, die als Zuarbeiter kaum ins Licht der Öffentlichkeit gerieten. Zudem setzte selbst eine so gut informierte Managerin wie Weisenhorn noch sehr spät auf Werte im Neuen Markt, die sich als grobe Fehlanlage entpuppten, wie das Medienunternehmen EM.TV.

Gefährliche Fallen für Anfänger

Bloß kein Kredit!

Wenn schon Fachleute leicht auf dem glatten Finanzparkett ausrutschen, ist der Laie dieser Gefahr umso mehr ausgesetzt. Dabei gibt es einige einfache Grundregeln, mit denen man Anfängerfallen leicht umgehen kann. So lautet das oberste Gebot für Neulinge: Investitionen nie über Kredit finanzieren! Zunächst sollten für den Aktienkauf nur wirklich frei verfügbare Mittel verwendet werden. Denn die Rückzahlung eines Kredits für den vermeintlich todsicheren Wertpapiertipp steht wahrscheinlich gerade dann an, wenn der Kurs in den Keller gerutscht ist.
Umsichtige Börsianer warnen auch davor, sich in größerem Umfang an allzu kleinen Marktwerten mit niedrigen Börsenumsätzen zu beteiligen. Bei solchen Titeln bewegen schon kleinste Kauf- oder Verkaufsaufträge den Kurs. Sieht man sich da einem mächtigen Gegenspieler mit gegenläufigen Interessen gegenüber – zum Beispiel einer großen Investmentbank –, kann man leicht den Kürzeren ziehen.

Optionen, Futures

Besonders als Anfänger sollte man zudem vermeiden, Optionen und Futures ins Depot zu nehmen. Das sind Wertpapiere, deren Preise besonders stark schwanken können

(→ Abschnitt »Daytrading«). Vorsicht ist auch bei Auslandsaktien angebracht, die nicht in Euro notiert werden. Bei Dollar, Yen oder anderen Währungen muss der Anleger immer das Wechselkursrisiko mit einbeziehen. Eine Alternative sind Titel aus dem europäischen Ausland, die wie die deutschen in Euro gehandelt werden.

Nebenwerte

In Papieren, die nicht zu den großen Indexwerten zählen, stecken grundsätzlich deutlich mehr Unsicherheitsfaktoren als in den Standardwerten. Die Dax-Titel werden von einer Vielzahl von Investoren analysiert und in den Medien genau verfolgt. Somit ist die Chance, von einer Unternehmensentwicklung negativ überrascht zu werden, gering. Bei Nebenwerten ist die Beobachtung schon schwieriger. Wenn da etwas im Unternehmen schief läuft, bemerkt das der Anleger unter Umständen über einen längeren Zeitraum gar nicht.

Marode Unternehmen

Profis raten ab, in konkursgefährdete Firmen zu investieren. Diese Titel erscheinen oft sehr billig – wie die am Neuen Markt notierte Aktie des Internet-Shopping-Unternehmens Letsbuyit.com, die im Mai 2001 für 0,4 Euro zu haben war. Das Unternehmen geriet im Dezember 2000 in akute Zahlungsschwierigkeiten, der Kurs brach zusammen. Dennoch konnten spekulativ veranlagte Käufer zum Beispiel im März 2001 mit dem Papier gute Geschäfte machen. Der Kurs schnellte binnen weniger Tage um mehr als 50 Prozent nach oben, gab aber genauso schnell wieder nach.

Penny Stocks

Papiere wie die von Letsbuyit.com sind auch als Penny Stocks bekannt: An den US-Märkten zählen Titel mit einem Kurs von unter 5 Dollar dazu, an den europäischen Märkten muss der Kurs unter 1 Euro rutschen. Aber auch einige Aktien am Neuen Markt, die knapp über der 1-Euro-Marke notieren, verhalten sich wie echte Penny Stocks. Sie gelten als »Zocker-Papiere« und sind ein beliebtes Instrument für Spekulanten, die sich mit größeren Paketen des Wertpapiers eindecken und dann versuchen, das Unternehmen in den Medien »schönzureden«. Steigt der Kurs, stoßen die Zocker kurzfristig ihre Anteile ab. Nachahmer reagieren dann oft zu spät, um ebenfalls noch Gewinne mitnehmen zu können. Wer in einen Penny Stock investiert, setzt so gut wie immer auf ein marodes Unternehmen mit einem sehr hohen Verlustrisiko. Wer sich dennoch auf das Glücksspiel einlassen möchte, sollte den »Zocker-Tipp« beherzigen: Unbedingt das Risiko streuen, immer eine Verlustbegrenzung setzen – und vor allem schnell bei der Gewinnmitnahme sein.

»Zocker-Papiere« bekommt man schon für wenige Cents.

interview

Meine Rente? Die wird zum Leben zu wenig und zum Sterben zu viel sein. Deshalb werde ich bald in die viel diskutierte »private Altersvorsorge« einsteigen. Natürlich auch mit Aktien, denn die sind, wenn man sich ein bisschen mit der Materie auskennt, trotz gelegentlicher Abschwungphasen gut dafür geeignet und bringen zudem ordentlich Rendite. Schließlich will ich meinen Lebensstandard später in etwa beibehalten. Und: Je früher ich anfange, desto besser, denn auch das Risiko ist bei einem solch langen Anlagehorizont natürlich wesentlich geringer.

ANLAGEZIEL UND -HORIZONT

Bevor man sich für eine bestimmte Anlage entscheidet, sollte der Anlagehorizont feststehen. Dabei ist vor allem zu klären, nach welchem Zeitraum man sein angelegtes Geld wieder braucht. Die folgenden Abschnitte umfassen die wichtigsten Anlagehorizonte und beschreiben, mit welchen Mitteln man diese Ziele am besten erreicht.

Langfristig – die Altersvorsorge

Noch vor wenigen Jahren war die finanzielle Vorsorge fürs Alter kein großes Thema. Die staatliche Rente funktionierte einigermaßen, so dass sich nur eine Minderheit wirklich ernsthafte Gedanken machte, über diesen Grundbe-

trag hinaus weitere Geldquellen ab dem 65. Lebensjahr für sich zu erschließen. Heute wäre ein solches Verhalten fahrlässig, ist doch bereits absehbar, dass die gesetzliche Rente in einigen Jahrzehnten das Lebensniveau der Senioren nicht mehr abzudecken vermag.
Das Schlagwort lautet deshalb »private Vorsorge« und Aktien sind dafür hervorragend geeignet, wenn man es richtig anpackt. Aktienlobbyisten wie das Deutsche Aktieninstitut rechnen immer wieder gerne vor, dass die Rendite einer langfristigen Anlage in Aktien die von Anleihen oder Lebensversicherungen bei weitem schlägt – und das trotz gelegentlicher Abschwungphasen an den Börsen.
Gerade die Altersvorsorge steht jedoch unter einem strengen Vorbehalt: Keinesfalls darf eine zufällige Baisse die Vorsorge gefährden. Deswegen vertrauen auch viele auf die vermeintlich absolute Sicherheit von Festverzinslichen oder Versicherungen – zulasten der Rendite. So hätte schließlich eine Anlage in repräsentative Aktien über einen Zeitraum von 50 Jahren eine jährliche Rendite von 10,4 Prozent erbracht, während sich Anleihen mit lediglich 6,8 Prozent im Durchschnitt verzinsten.
Generell gilt für jede Art von selbst verantworteter finanzieller Vorsorge eine simple Regel: Je früher man anfängt, desto leichter hat man's. Wer beispielsweise im Alter eine bestimmte Geldsumme zur Verfügung haben will und dafür regelmäßig spart, muss bei einem Start mit 25 Jahren erheblich kleinere Monatsbeiträge zur Seite legen als etwa mit 35 oder gar 45 Jahren. Oder anders gerechnet: Wer ab einem Alter von 25 einen ganz bestimmten festen Monatsbeitrag zurücklegt, hat am Ende eine vielfach höhere Summe zur Verfügung, als wenn er erst mit 45 damit anfängt.
Für Börsenanfänger bietet es sich an, einen

beispiel

Um mit 65 Jahren 1 Million Euro zur Verfügung zu haben, müssen Sie monatlich folgenden Betrag zurücklegen (bei einem Zinssatz von 10%):

Startalter	Laufzeit (Jahre)	Rate (Euro)
5	60	26,48
10	55	42,40
20	45	110,92
30	35	296,57
40	25	817,28
50	15	2529,78

DAX-Rendi

Das DAI-R

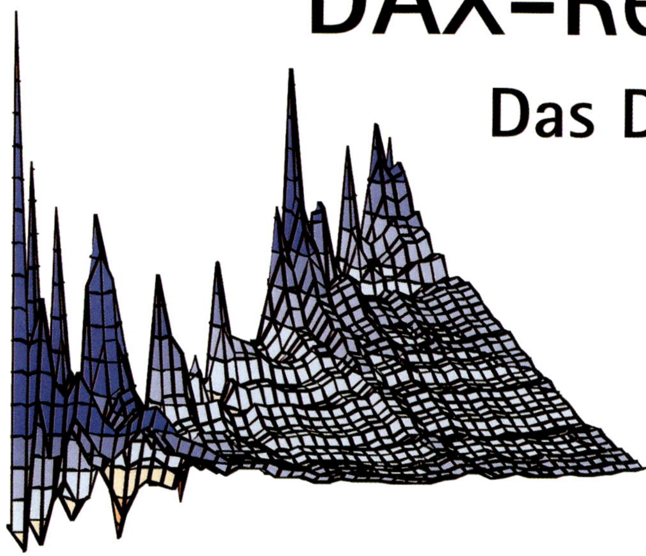

Jahresrenditen in Prozent:

- Negative Rendite
- Rendite um Null
- Positive Rendite

Anlagezeitraum:

5

																									4
																								-21,7	-9
																							14,3	-5,4	-2
																						7,8	11,0	-1,2	0
																					-28,4	-12,2	-4,1	-8,8	-6
																				12,2	-10,4	-4,7	-0,3	-5,0	-3,
																			13,5	12,8	-3,0	-0,4	2,3	-2,1	-1,
																		49,0	30,1	23,8	8,0	7,9	9,0	3,9	4,
																	-15,7	12,1	12,5	12,5	2,7	3,6	5,0	1,2	1
																-12,3	-14,0	3,3	5,7	7,0	0,1	1,1	2,7	-0,4	0,
															4,4	-4,3	-8,3	3,5	5,5	6,6	0,7	1,5	2,9	0,1	0,
														9,7	7,0	0,1	-4,1	4,8	6,2	7,0	1,8	2,4	3,5	0,9	1,
													-24,6	-9,0	-4,8	-6,7	-8,6	-0,8	1,1	2,4	-1,6	-0,7	0,6	-1,5	-1,
												-7,5	-16,5	-8,5	-5,4	-6,9	-8,4	-1,8	0,0	1,3	-2,2	-1,3	-0,1	-2,0	-1,
											48,0	17,0	1,1	3,2	3,4	0,6	-1,9	3,4	4,4	5,2	1,6	2,1	3,0	1,0	1,
										81,9	64,1	35,6	17,1	15,6	13,6	9,5	6,0	10,1	10,4	10,6	6,6	6,7	7,2	5,0	5,
									61,8	71,5	63,3	41,7	24,9	22,2	19,5	15,0	11,1	14,4	14,3	14,1	10,1	9,9	10,2	7,9	7,
								5,6	30,8	46,0	46,5	33,6	21,5	19,7	17,7	13,9	10,5	13,6	13,6	13,5	9,8	9,6	9,9	7,8	7,
							-7,9	-1,4	16,3	30,1	33,5	25,6	16,8	15,9	14,5	11,5	8,7	11,6	11,7	11,8	8,5	8,5	8,8	6,8	6
						6,2	-1,1	1,1	13,7	24,9	28,5	22,6	15,4	14,7	13,7	11,0	8,5	11,2	11,3	11,4	8,4	8,3	8,6	6,8	6,
					92,6	43,0	23,5	18,8	26,3	34,3	36,1	29,7	22,1	20,8	19,2	16,2	13,4	15,6	15,5	15,3	12,1	11,8	12,0	10,0	9,
				24,6	55,0	36,6	23,8	19,9	26,1	32,8	34,6	29,2	22,4	21,2	19,7	16,9	14,2	16,2	16,0	15,8	12,7	12,5	12,6	10,6	10,
			-7,9	7,1	30,3	23,8	16,7	14,8	20,5	26,9	29,1	24,9	19,3	18,4	17,3	14,9	12,5	14,5	14,5	14,3	11,6	11,4	11,5	9,7	9,
		111,8	39,7	34,5	47,1	37,8	28,9	25,3	29,3	34,3	35,6	31,0	25,1	23,9	22,4	19,7	17,1	18,7	18,4	18,1	15,2	14,8	14,8	12,9	12,
	-5,8	41,3	22,5	23,0	34,6	29,4	23,2	20,9	24,9	29,6	31,2	27,5	22,4	21,5	20,2	17,9	15,6	17,2	17,0	16,8	14,1	13,8	13,8	12,1	11,
161,3	56,9	73,4	48,0	43,0	50,3	43,0	35,4	31,7	34,4	38,2	39,0	34,7	29,2	27,8	26,2	23,5	20,9	22,3	21,8	21,3	18,5	18,0	17,8	15,9	15,
1949	1950	1951	1952	1953	1954	1955	1956	1957	1958	1959	1960	1961	1962	1963	1964	1965	1966	1967	1968	1969	1970	1971	1972	1973	1974

V

n seit 1948

lite-Dreieck

Ankauf	1977	1978	1979	1980	1981	1982	1983	1984	1985	1986	1987	1988	1989	1990	1991	1992	1993	1994	1995	1996	1997	1998	1999
1998																							39,1
1997																						17,7	28,0
1996																					47,1	31,6	34,0
1995																				28,2	37,3	30,4	32,6
1994																			7,0	17,1	26,4	24,1	27,0
1993																		-7,1	-0,3	8,4	17,0	17,2	20,6
1992																	46,7	16,8	13,4	16,9	22,4	21,6	24,0
1991																-2,1	19,9	10,1	9,3	12,9	18,0	17,9	20,4
1990															12,9	5,1	17,5	10,8	10,0	12,9	17,2	17,3	19,5
1989														-21,9	-6,1	-4,8	6,1	3,3	3,9	7,1	11,4	12,1	14,5
1988													34,8	2,6	5,9	3,9	11,3	8,0	7,9	10,2	13,8	14,2	16,3
1987												32,8	33,8	11,8	12,1	9,1	14,6	11,2	10,7	12,5	15,6	15,8	17,5
1986											-37,6	-9,0	3,8	-3,3	-0,3	-0,6	5,1	3,5	3,9	6,1	9,3	10,0	12,0
1985										4,7	-19,1	-4,6	4,0	-1,8	0,5	0,1	5,0	3,6	4,0	5,9	8,9	9,5	11,4
1984									85,3	39,3	6,6	12,6	16,7	9,2	9,7	8,2	11,9	9,8	9,6	11,0	13,4	13,7	15,3
1983								13,8	45,2	30,2	8,4	12,9	16,3	9,8	10,2	8,8	12,1	10,2	9,9	11,2	13,5	13,7	15,2
1982							43,2	27,7	44,6	33,4	14,6	17,4	19,8	13,5	13,5	11,8	14,6	12,6	12,2	13,2	15,2	15,4	16,7
1981						17,5	29,7	24,2	37,3	30,0	15,1	17,4	19,5	14,0	13,9	12,3	14,8	13,0	12,5	13,5	15,4	15,5	16,7
1980					3,0	10,0	20,1	18,5	29,6	25,1	13,3	15,5	17,5	12,8	12,8	11,5	13,9	12,2	11,9	12,8	14,6	14,8	15,9
1979				1,9	2,4	7,2	15,3	15,0	24,5	21,5	11,8	13,9	15,9	11,8	11,9	10,7	13,0	11,5	11,2	12,2	13,9	14,1	15,2
1978			-8,8	-3,6	-1,5	3,0	10,0	10,6	19,1	17,2	9,3	11,4	13,4	9,9	10,1	9,2	11,4	10,1	9,9	10,9	12,5	12,8	13,9
1977		7,1	-1,2	-0,2	0,6	3,8	9,5	10,1	17,5	16,0	9,1	11,0	12,8	9,7	9,9	9,1	11,1	9,9	9,8	10,7	12,3	12,5	13,6
1976	0,9	9,0	2,7	2,5	2,6	5,0	9,7	10,2	16,8	16,5	9,2	11,0	12,7	9,8	10,0	9,2	11,1	10,0	9,8	10,7	12,2	12,4	13,5
1975	3,0	4,4	0,9	1,1	1,4	3,6	7,9	8,5	14,5	13,6	8,0	9,8	11,4	8,8	9,0	8,3	10,2	9,2	9,1	9,9	11,4	11,7	12,7
1974	3,9	12,2	7,6	6,7	6,1	7,5	11,0	11,3	16,5	15,5	10,2	11,6	13,1	10,5	10,6	9,9	11,6	10,5	10,4	11,1	12,5	12,7	13,6
1973	1,5	10,6	7,1	6,3	5,9	7,2	10,3	10,6	15,5	14,6	9,7	11,2	12,5	10,1	10,3	9,6	11,2	10,2	10,1	10,8	12,1	12,4	13,3
1972	3,9	4,4	2,4	2,4	2,4	3,8	6,9	7,5	12,1	11,5	7,3	8,7	10,1	8,0	8,3	7,8	9,3	8,5	8,5	9,2	10,5	10,8	11,7
1971	5,6	5,8	3,8	3,6	3,6	4,8	7,5	8,0	12,2	11,7	7,7	9,1	10,4	8,4	8,6	8,1	9,6	8,8	8,7	9,4	10,7	10,9	11,8
1970	5,9	6,0	4,3	4,0	3,9	5,0	7,5	8,0	11,9	11,5	7,7	9,0	10,2	8,3	8,5	8,0	9,5	8,7	8,7	9,4	10,6	10,8	11,7
1969	0,8	1,5	0,4	0,5	0,8	2,0	4,5	5,1	8,9	8,6	5,3	6,6	7,9	6,2	6,5	6,1	7,6	6,9	6,9	7,7	8,9	9,2	10,0
1968	2,0	2,5	1,4	1,5	1,6	2,7	5,0	5,5	9,0	8,8	5,7	6,9	8,1	6,5	6,8	6,4	7,7	7,1	7,1	7,8	9,0	9,3	10,1
1967	3,1	3,5	2,4	2,3	2,4	3,3	5,5	5,9	9,3	9,0	6,0	7,2	8,3	6,8	7,0	6,6	8,0	7,4	7,4	8,0	9,1	9,4	10,2
1966	6,6	6,7	5,4	5,1	5,0	5,7	7,6	8,0	11,1	10,8	7,8	8,8	9,8	8,3	8,5	8,0	9,3	8,6	8,6	9,2	10,2	10,5	11,2
1965	4,6	4,8	3,7	3,6	3,6	4,3	6,2	6,6	9,6	9,3	6,6	7,6	8,6	7,2	7,4	7,0	8,3	7,7	7,7	8,3	9,3	9,6	10,3
1964	3,1	3,4	2,6	2,5	2,5	3,3	5,1	5,5	8,4	8,2	5,7	6,7	7,7	6,4	6,6	6,3	7,5	6,9	6,9	7,6	8,6	8,8	9,6
1963	3,2	3,5	2,7	2,6	2,7	3,4	5,1	5,5	8,2	8,1	5,6	6,6	7,6	6,3	6,5	6,2	7,4	6,9	6,9	7,5	8,5	8,7	9,5
1962	3,7	3,9	3,1	3,0	3,0	3,7	5,3	5,7	8,3	8,1	5,8	6,7	7,6	6,4	6,6	6,3	7,4	7,0	7,0	7,5	8,5	8,7	9,5
1961	1,6	1,9	1,3	1,3	1,4	2,1	3,7	4,1	6,7	6,6	4,4	5,3	6,3	5,2	5,4	5,2	6,3	5,8	5,9	6,4	7,4	7,7	8,4
1960	1,1	1,4	0,8	0,9	1,0	1,7	3,2	3,6	6,1	6,0	4,0	4,9	5,8	4,7	5,0	4,7	5,8	5,4	5,5	6,0	7,0	7,2	8,0
1959	3,2	3,4	2,8	2,7	2,7	3,3	4,8	5,1	7,4	7,3	5,3	6,1	7,0	5,9	6,1	5,8	6,9	6,4	6,5	7,0	7,9	8,1	8,8
1958	6,3	6,4	5,6	5,4	5,3	5,8	7,1	7,4	9,5	9,4	7,3	8,0	8,8	7,7	7,8	7,5	8,5	8,0	8,0	8,5	9,3	9,5	10,2
1957	8,6	8,5	7,7	7,4	7,2	7,6	8,8	9,0	11,1	10,9	8,8	9,5	10,2	9,0	9,1	8,8	9,7	9,2	9,2	9,6	10,4	10,6	11,2
1956	8,5	8,4	7,6	7,3	7,2	7,5	8,7	8,9	10,9	10,7	8,7	9,3	10,0	8,9	9,0	8,7	9,6	9,1	9,1	9,5	10,3	10,5	11,1
1955	7,7	7,6	6,9	6,7	6,5	6,9	8,1	8,2	10,2	10,0	8,1	8,8	9,5	8,4	8,5	8,2	9,1	8,6	8,6	9,0	9,8	10,0	10,6
1954	7,6	7,6	6,9	6,7	6,5	6,9	8,0	8,2	10,1	9,9	8,0	8,7	9,4	8,3	8,5	8,2	9,0	8,6	8,5	9,0	9,7	9,9	10,5
1953	0,2	10,1	9,3	9,0	8,8	9,1	10,1	10,2	12,0	11,8	9,9	10,5	11,1	10,0	10,1	9,8	10,6	10,1	10,0	10,4	11,2	11,3	11,8
1952	0,8	10,6	9,8	9,6	9,3	9,6	10,5	10,6	12,4	12,1	10,3	10,9	11,4	10,4	10,5	10,1	10,9	10,4	10,4	10,7	11,4	11,6	12,1
1951	0,0	9,9	9,2	8,9	8,7	9,0	9,9	10,0	11,7	11,5	9,7	10,3	10,9	9,9	10,0	9,7	10,4	10,0	9,9	10,3	11,0	11,1	11,6
1950	2,7	12,5	11,7	11,3	11,1	11,3	12,1	12,2	13,8	13,5	11,7	12,2	12,7	11,7	11,7	11,4	12,1	11,6	11,5	11,9	12,5	12,6	13,1
1949	2,0	11,8	11,1	10,7	10,5	10,7	11,5	11,6	13,2	13,0	11,2	11,7	12,2	11,2	11,3	11,0	11,7	11,2	11,1	11,5	12,1	12,2	12,7
1948	5,3	15,0	14,2	13,8	13,4	13,5	14,3	14,3	15,8	15,5	13,7	14,1	14,6	13,5	13,5	13,1	13,8	13,3	13,2	13,4	14,1	14,1	14,6

kauf

Anlageplan einer Fondsgesellschaft zu nutzen. Dabei werden regelmäßig bestimmte Beträge auf ein so genanntes Investmentkonto einbezahlt, das ähnlich wie ein normales Bankkonto funktioniert. Die Methode bietet die Möglichkeit eines vorteilhaften »Cost-Averaging«: In Phasen tiefer Kurse werden mehr Fondsanteilsscheine erworben, in Zeiträumen hoher Kurse weniger. Unterm Strich verbilligen sich damit die durchschnittlichen Einstandspreise.

Vor allem ein erst 1998 eingeführtes spezielles Altervorsorge-Angebot der Fondsgesellschaften basiert auf diesen Sparplänen: der AS-Fonds. AS steht für Altersvorsorge-Sondervermögen und die Handhabung ist nicht gerade einfach. Denn AS-Fonds dürfen in Aktien, Anleihen und Immobilien investieren, müssen dabei jedoch spezielle Mengengrenzen beachten (→ Kasten rechts).

Zu den AS-Fonds mit den genannten Eigenschaften müssen die Fondsgesellschaften per Gesetz Sparpläne anbieten, die eine Laufzeit von mindestens 18 Jahren umfassen oder bis zum 60. Lebensjahr reichen. Dazu kommen Auszahlpläne, also die Festlegung einer geregelten Auszahlpraxis nach dem Fälligwerden. Und wenn drei Viertel der vereinbarten Vertragslaufzeit abgelaufen sind, dürfen Kunden ihr Vermögen kostenlos umschichten.

Alles in allem also ein komplexes Regelwerk, das Kunden mit »All-inclusive«-Mentalität schätzen. Genau dies stand bei der Einführung offensichtlich auch hinter den oft als Marketing-Gag der Fondsanbieter abgestempelten AS-Fonds. Wer sich nicht groß um seine Finanzen kümmern will und Automatismen schätzt, ist bei AS-Fonds sicher gut aufgehoben. Dennoch entwickelte sich diese Anlageform bislang (Stand: Frühjahr 2001) nicht zum großen Zugpferd für die fondsgestützte Altersvorsorge – auch aus steuerlichen Gründen.

as-fonds

Bedingungen

- ✔ Ihr Aktienanteil muss mindestens 21 Prozent betragen, maximal sind 75 Prozent erlaubt.
- ✔ Immobilien und offene Immobilienfonds dürfen bis höchstens 30 Prozent erworben werden.
- ✔ Termingeschäfte wie Aktienoptionen sind allenfalls zur Absicherung erlaubt, nicht jedoch zur Spekulation.
- ✔ Wechselkursrisiken aus der Anlage in Fremdwährungen müssen grundsätzlich abgesichert sein.

Kurz- bis mittelfristig – Vermögensaufbau

Eine Eigentumswohnung, ein neues Auto oder auch nur eine neue Waschmaschine: Die Wünsche des Menschen sind mindestens so vielfältig wie seine Sorgen. Um sie sich zu erfüllen, muss man einen Kredit aufnehmen – oder aber

aktuelle as-fonds

- ✔ AS-AktivDynamik (ADIG) WKN 978696
- ✔ Deka-PrivatVorsorge AS (Deka) WKN 978620
- ✔ DIT-Altersvorsorge 55plus (DIT) 848194
- ✔ DWS Vorsorge AS (Dynamik) (DWS) WKN 976988
- ✔ GenoAS: 1 (Union Investment) WKN 975768

selbst Vermögen aufbauen. Nichts spricht dagegen, dass dies über die Börse geschieht. Der finanzielle Umfang des Wunsches entscheidet über die Länge des Anlagehorizonts.

Der Anlagehorizont

Wer bereits über Vermögen verfügt, steht vor einem ähnlichen Problem. Er muss sich entscheiden, ob er sein Vermögen lediglich erhalten – schon das ist angesichts der Inflation nicht so einfach, wie es klingt – oder aber mit einer bestimmten Geschwindigkeit vermehren will. Die Risikobereitschaft entscheidet darüber, welche der Varianten überhaupt realisierbar ist. Wie stets in der Finanzwelt gilt auch hier: Je höher die Rendite, umso größer das Risiko. Ein größeres Risiko wiederum ist umso leichter einzugehen, je länger der selbst gesteckte Anlagehorizont ist. Der Anlagehorizont stellt also ein wichtiges Entscheidungskriterium für jede Form der Geld- und Aktienanlage dar.

Einen Grobüberblick, wie unterschiedlich Anlagestrategien je nach Anlagehorizont ausgestaltet sein können, bietet eine schweizerische Vermögensverwaltungsfirma auf ihrer Internet-Homepage (http://www.ramseier-partner.ch). Das Unternehmen nimmt sich zwar erst solcher Vermögen an, die mindestens einen sechsstelligen Betrag umfassen. Wie jedoch das Beispiel der Fondsmanager gezeigt hat, lässt sich von den Großen gut lernen.

Anlageprofile

Die Schweizer unterscheiden grundsätzlich vier Anlageprofile, die sie mit Adjektiven wie »konservativ«, »ausgewogen« und »dynamisch« kennzeichnen.

→ Der konservative Investor will demnach in erster Linie sein Vermögen erhalten und auch ein wenig Einkommen (zum Beispiel in Form von Zinsen oder Dividenden) daraus erwirtschaften. An Risiko hat er kaum Interesse, der Anlagehorizont ist mit drei Jahren relativ kurz gewählt. Für diese Gruppe wird eine zehnprozentige Aktienquote empfohlen, 80 Prozent werden in Anleihen investiert.

→ Beim »ausgewogenen« Anleger, der aus seinem Vermögen vor allem ein Einkommen erzielen will, klettert die Aktienquote bei einem Anlagehorizont von vier Jahren bereits auf 30 Prozent.

→ Der in erster Linie auf Kapitalgewinne bedachte Vermögensbesitzer darf bereits 50

Prozent Aktien und 40 Prozent Anleihen halten, seine »Risikotoleranz« wird als durchschnittlich beschrieben, der Anlagehorizont liegt bei fünf Jahren.

→ Das andere Extrem zum »konservativen« ist der »dynamische« Anleger. Sein Hang zum Risiko ist sehr hoch ausgeprägt, mit einer Aktienquote von 80 Prozent strebt er in erster Linie Kapitalgewinne an, und das über einen Zeitraum von sieben Jahren.

In jedem der vier Fälle wird ein Baranteil von jeweils 10 Prozent zugrunde gelegt. Selbstverständlich handelt es sich bei den vier Profilen um reine Musterfälle und bei den Zahlen um Mittelwerte – um idealisierte Anleger also. Im konkreten Fall kann ein Investor zwischen zwei Profilen schwanken. Eventuell wird er ein höheres Risiko bei einem kürzeren Anlagehorizont eingehen wollen oder ein geringeres Risiko bei einer längeren Frist. Auf jeden Fall aber gelten folgende Regeln (→ Kasten).

Sehr kurzfristig – Daytrading/Terminmärkte

Das World Wide Web macht es möglich: Mithilfe des heimischen Computers kann jeder Anleger sein Wohnzimmer zum Handelsplatz umgestalten. Das Stichwort heißt Daytrading und das kann so spannend sein wie Pferdewetten. Wer Spaß daran hat, selbst das Heft in die Hand zu nehmen, für den ist Daytrading genau das Richtige. Aber Vorsicht: Gerade Anfänger sollten sich vor großen Beträgen hüten und, wenn überhaupt, nur Geld einsetzen, das zu verlieren sie sich leisten können. Die Mehrzahl der Daytrader erleidet nämlich Verluste, wie Untersuchungen in den USA ergeben haben.

wichtig

Anlageregeln

- ✔ Ein Vermögen sollte nicht nur in einer Anlageform bestehen, sondern mindestens Aktien und Anleihen enthalten.
- ✔ Je mehr Zeit zur Verfügung steht, desto risikoreicher können die Anlagen sein. Verluste gleichen sich leichter über einen langen Zeitraum aus als über einen kurzen.

Was macht ein Daytrader?

Er kauft über das Internet Wertpapiere und verkauft sie Minuten oder Stunden später – im besten Fall mit Gewinn. Dabei versucht er, die Kursschwankungen zu nutzen, denen eine Aktie im Lauf des Tages unterworfen ist. Echtzeitkurse, Unternehmensdaten und andere für den Handel notwendige Informationen stehen im Internet bereit. Unterstützung und Beratung findet der angehende Händler bei Web-Informationsdiensten, die sich speziell der schnellen Materie verschrieben haben.

So richtet sich etwa das Online-Magazin *Tradewire* unter www.tradewire.de an Profis und Laien zugleich. Anfänger mit Englischkenntnissen finden zum Beispiel unter http://www.rookiedaytrader.com erste Anleitungen.

Voraussetzungen fürs Daytrading

Zu den technischen Voraussetzungen gehört ein leistungsstarker Computer mit wenigstens einem 400-Megahertz-Prozessor und einer 5 Gigabyte großen Festplatte. Der Arbeitsspeicher sollte auf jeden Fall 64 Megabyte umfassen und der Rechner mit einer schnellen Grafikkarte mit 8-Megabyte-Grafikspeicher ausgestattet sein. Ein schnelles Modem oder eine ISDN-Karte sind von Vorteil, für Dauertrader wäre eine Standleitung optimal. Zur gebräuchlichen Software gehören die Programme Winbis, First Quote oder Tenfore. Verschiedene technische Handelssysteme werten Charts aus.
Ohne ein Mindestmaß an Investitionen kommt der Daytrader in spe also nicht aus. Das Magazin *Tradewire* rechnet im Durchschnitt mit folgenden Einstiegskosten: Die Ausgaben für den Computer liegen bei rund 1250 Euro. Die Kurssysteme kosten je nach Ausstattung zwischen 100 und 350 Euro und die Telefongebühren für die Internetverbindung etwa 250 Euro pro Monat. Dazu kommen die Zugangskosten bei den Internetprovidern. Des Weiteren wird ein Verrechnungskonto bei einer Direktbank benötigt, über das die Geldbuchungen abgewickelt werden, sowie ein Depot. Das Startguthaben sollte bei wenigstens 25 000 Euro liegen.

Ohne Kenntnisse geht nichts

Doch es gibt mehr als nur technische Anforderungen an den angehenden Daytrader. Zunächst einmal steht die Beschäftigung mit dem Handwerk im Vordergrund. Die nötigen Kenntnisse werden in Seminaren vermittelt oder auch über das Internet. In jedem Fall muss klar sein, dass ein erfolgreicher Wertpapierhandel nicht mal eben im Vorbeigehen oder nach Feierabend zu absolvieren ist, sondern zeit- und arbeitsintensiv ist. Wer schnell zu Panik oder impulsivem Handeln neigt, sollte sich überlegen, ob er nicht doch besser mit einem Berater zusammenarbeitet.

Derivate

Fortgeschrittene Daytrader sind vor allem an Terminmärkten aktiv. Hier werden keine normalen Aktien gehandelt, sondern Wertpapiere wie Optionen und Futures. Die Besonderheit solcher Finanzinstrumente ist, dass sie nicht wie Aktien eigenständig sind. Vielmehr hängt ihr Wert von Aktienkursen oder Indexständen ab, weswegen sie auch Derivate genannt werden (vom englischen Verb to derive = ableiten, entstammen). So berechtigen beziehungsweise verpflichten Futures und Optionen, ein Wertpapier zu einem bestimmten Preis zu kaufen oder auch zu verkaufen. Sinnvoll ist dies dann,

Beim Daytrading sind vor allem schnelle Entscheidungen gefragt.

wenn ein Anleger seine Aktien gegen künftige Kursverluste schützen will. Dann erwirbt er beispielsweise eine Option, die ihn berechtigt, seine Papiere zu einem bestimmten Kurs zu verkaufen, und das auch dann, wenn der tatsächliche Kurs in Zukunft unter dieses Niveau fallen sollte. Solche Optionen werden von Banken angeboten und beziehen sich jeweils auf eine bestimmte Aktie und einen bestimmten Kurs.
Wer die Aktie und eine dazugehörige Option besitzt, verfügt somit über eine Kursversicherung. Wer die Aktie dagegen nicht besitzt und eine Aktienoption erwirbt, handelt aus rein spekulativer Absicht. Denn ein Optionspreis ändert sich bedeutend schneller als der Preis der dazugehörigen Aktie – man nennt diesen Effekt Hebelwirkung. Die Hebelwirkung kann dazu führen, dass sich der Preis einer Option vervielfacht, wenn der Kurs einer Aktie von 40 auf 50 Euro steigt. Andererseits kann eine Option wertlos werden, wenn der Aktienkurs von 40 auf 30 Euro fällt. Optionen mit dem genannten Effekt heißen Calls, Kaufoptionen. Natürlich gibt es auch Verkaufsoptionen (Puts), die genau andersherum wirken. Wenn der Aktienkurs fällt, gewinnen sie an Wert, bei Kursanstiegen der Aktie können sie wertlos werden.

wichtig

Termingeschäfte beschleunigen sowohl das Reichwerden wie auch den Weg zum Totalverlust. Für Börsenneulinge sind Optionen und die sehr ähnlich konstruierten Futures also allenfalls als Absicherungsinstrument (siehe oben) empfehlenswert, keinesfalls jedoch zur Spekulation.

Spekulation

Daytrader sind nun in erster Linie am spekulativen Aspekt der Terminmärkte interessiert. Oft agieren sie als so genannte Tick-Trader und versuchen dabei, kleine Kursschwankungen (»Ticks«) bei Indizes wie dem Dax auszunutzen. Mit Futures, die auf dem Dax aufbauen, kann man sowohl aus steigenden wie auch fallenden Indexständen einen Gewinn ziehen, man muss die Entwicklung ähnlich wie bei einer Wette lediglich richtig »voraussagen«.
Ende der 90er Jahre erlebten Trading-Center für den Terminmarkthandel in der Bundesrepublik eine wahre Gründungswelle. Es gibt sie mittlerweile fast flächendeckend in Deutschland. Die öffentlichen Handelsräume dieser Büroeinrichtungen bieten – natürlich gegen Gebühren – die notwendige technische Ausstattung sowie Schnupperkurse und Schulungen für den Derivatehandel. Die Alternative Trading-Center ist besonders für diejenigen sinnvoll, die Daytrading erst einmal ausprobieren wollen, um zu sehen, ob diese Art des Handels auch wirklich für sie geeignet ist. Einige Trading-Center vermieten die Technik auch für die Nutzung zu Hause.

interview

Ein schlauer Mensch hat einmal gesagt: »Man wird nicht durch das Geld reich, das man gewinnt, sondern durch das Geld, das man nicht verliert.« Verloren habe ich eine ganze Menge; ich bin mit dem Strom geschwommen und dann hat's mich kalt erwischt. Glücklicherweise bin ich trotzdem nicht pleite. Jetzt achte ich natürlich besser auf die richtige Zusammensetzung meines Depots und arbeite viel mit Limits, um nicht wieder solche Verluste zu machen.

WO EINSTEIGEN, WO AUSSTEIGEN UND WANN?

Schon im ersten Semester lernen Wirtschaftsstudenten mit »Mikro« und »Makro« zwei Begriffe kennen, die sie bis zum Ende der Uni-Ausbildung nicht mehr loslassen. Es handelt sich dabei um zwei verschiedene Sichtweisen der Wirtschaft, die keineswegs so gegensätzlich sind, wie es die Bezeichnungen vielleicht vermuten lassen.

Die Mikroökonomie untersucht vor allem das Unternehmen und seine Probleme, während sich die Makroökonomie mit volkswirtschaftlichen Zusammenhängen wie Konjunktur und Wachstum, also dem großen Ganzen, auseinandersetzt.

Mit der Geldanlage in Aktien hängt das insofern zusammen, als Investoren letztlich immer vor der alles entscheidenden Frage stehen, bei welchen Papieren sie zu welchem Zeitpunkt ein- oder aussteigen sollen.

Sowohl Mikro- wie auch Makroökonomie liefern dazu ihre jeweils ganz spezifischen Antworten.

Investieren – mit der Konjunktur oder dagegen

Die Wirtschaft ist geprägt von einem ständigen Auf und Ab der Konjunktur. Wie sich in der Volkswirtschaft eines Landes die Konjunktur gerade darstellt, ist am Wachstum oder Schrumpfen des Bruttoinlandsprodukts abzulesen, also dem Wert aller Waren und Dienstleistungen. Auch an der Börse gibt es eine Konjunktur, die sowohl von der »großen« Konjunktur abhängt wie auch von den Entwicklungen in den einzelnen Unternehmen. Die Börsenkonjunktur manifestiert sich im Verlaufstrend der Indizes und Einzelaktien, den die technische Analyse untersucht.
Dem Anleger eröffnen sich nun in diesem Zusammenhang zwei Alternativen. Wer mit dem Trend investiert, investiert »prozyklisch« und verstärkt damit tendenziell den Trend.

Zwei Möglichkeiten stehen zur Wahl: anti- oder prozyklisch.

Gekauft wird also bei steigenden Kursen, verkauft bei fallenden. Der »antizyklische« Investor stellt sich bewusst gegen den Trend, weil er sich davon mehr Erfolg verspricht. Er kauft bei fallenden Kursen und verkauft bei steigenden. Beide Strategien haben ihre Anhänger und ihre Börsenweisheiten. »The trend is your friend« (Der Trend ist dein Freund), verkünden die Prozykliker, »Buy on bad news, sell on good news« (Kaufe bei schlechten, verkaufe bei guten Nachrichten), kontern die Antizykliker. Woran soll man sich nun halten?
Beide Strategien haben ihre Existenzberechtigung gerade deshalb, weil es immer Investoren gibt, die sich jeweils danach richten. Wie bei der technischen Analyse führt dies zu einer Art selbsterfüllender (Erfolgs-)Prophezeiung. Tatsächlich gibt es immer wieder Zeitperioden, in denen eine Mehrzahl der Marktteilnehmer im Aufwärtstrend kauft und im Abwärtstrend verkauft. Auf der anderen Seite haben sich gerade in jüngster Zeit etliche Privatanleger keineswegs derart trendverstärkend präsentiert, sondern in der Abschwungphase trotzdem ihre Bestände gehalten.

Prozyklische Strategie

Die prozyklische Strategie setzt sehr stark auf die technische Analyse. Man beobachtet Kursverläufe in Form der bekannten Kurvencharts. Weil an solchen Charts selten klar ersichtlich ist, ob sich ein scheinbar entwickelnder Trend tatsächlich in der nächsten Zeit verfestigt, warten Prozykliker auf eine Bestätigung. Durch das Warten wächst zwar im Nachhinein die Sicherheit, zugleich nimmt jedoch das Risiko zu, dass sich der Trend umkehrt. Außerdem wird ein möglicher Kursgewinn umso kleiner ausfallen, je näher der Trendumschwung rückt. Die richtigen Ein- und Ausstiegszeitpunkte sind also für den Erfolg ausschlaggebend – nur weiß man leider oft erst hinterher, wo sie lagen.

Antizyklische Strategie

Antizykliker versuchen ihr Glück mit einem Schwimmen gegen den Strom. Sie setzen darauf, im Abschwung Aktien günstig zu kaufen, um sie bei der folgenden Hausse teuer wieder verkaufen zu können. Dem prozyklischen Anleger ist der antizyklische Investor einen Schritt voraus – aber nur dann, wenn er den Trend richtig erkannt und sich die richtige Aktie ausgesucht hat. Denn mancher Titel erholt sich in der Aufschwungphase nicht mehr, sondern dümpelt weiter vor sich hin. Der antizyklische Stratege muss also in starkem Maße auch die Fundamentaldaten eines Unternehmens im Auge haben. Grundsätzlich kann er sich im Erfolgsfall über eine größere Rendite freuen. Dem steht jedoch auch ein größeres Ausfallrisiko gegenüber.

Der Run auf Neuemissionen

Daneben gibt es zahlreiche weitere Investmentansätze, die man jedoch kaum als echte Strategien bezeichnen kann. So richteten zahlreiche Anleger in der Vergangenheit ihr Augenmerk vor allem auf Neuemissionen. Noch nicht börsennotierte Aktiengesellschaften verkaufen dabei einen Teil ihrer Aktien an ein breites Publikum. Die Papiere können während einer so genannten Zeichnungsphase geordert werden, danach erst beginnt der eigentliche Börsenhandel. Bis zum Einbruch am Neuen Markt im neuen Jahrtausend war damit meist ein sehr gutes Geschäft zu machen: Oft legten die Papiere an ihrem ersten Handelstag an der Börse im Vergleich zum Ausgabepreis kräftig zu. Die Börsenflaute machte dem Neuemissionsgeschäft einen dicken Strich durch die Rechnung. Im Frühjahr 2001 wagte gerade eine Hand voll Gesellschaften den Gang an die Börse, oft erst nach einer vorherigen Absage und im zweiten Anlauf. In einem solchen Klima konnte von Zeichnungsgewinnen meist keine Rede sein.

Fusionen und Übernahmegerüchte

Andere Anleger setzen auf den Faktor Fusionen und Übernahmen, der je nach Branche unterschiedlich stark zum Tragen kommt. Vor allem der Bankenbereich machte in der jüngsten Zeit diesbezüglich Schlagzeilen. Im Regelfall ist bei einer geplanten Übernahme zu erwarten, dass der Kurs des zu übernehmenden Unternehmens deutlich ansteigt. Schließlich will der Übernehmer das Unternehmen unter seine Kontrolle bekommen. Dazu braucht er die Aktienmehrheit. Die Aktionäre erhalten also oft ein lukratives Angebot für ihre Papiere, das im Regelfall mit einem kräftigen Aufschlag auf den Kurs lockt. Im jüngsten Fall der Übernahme der Dresdner Bank durch die Allianz sorgten kursierende Übernahmegerüchte schon vor der offiziellen Ankündigung für einen kräftigen Kursaufschwung. Freilich können solche Planungen auch frühzeitig platzen – häufig mit negativen Konsequenzen für die Aktie.

fazit

Ein Königsweg zu den Börsenmillionen existiert leider nicht, auch wenn gewiefte Scharlatane das ihrem gutgläubigen und gut zahlenden Publikum immer wieder weiszumachen versuchen. Wer nicht auf gemanagte Fonds oder Zertifikate setzt, muss schon selbst ein wenig Mühe einbringen. Die Fundamental- und die technische Analyse bieten das Rüstzeug für eine fundierte Aktienauswahl. Auch wenn beide Methoden für sich jeweils schlüssig klingen, sollte man doch nicht auf eine einzige vertrauen, sondern beide parallel zu Rate ziehen. Denn je breiter die Informationsbasis, desto geringer wird die Gefahr, mit einem Dividendentitel eine Bauchlandung zu erleben.

Die eigenen Schwächen und die der anderen

An den Börsen handeln alle vernünftig, es dominiert die Rationalität. Schön wär's. So vernünftig oder unvernünftig die Menschen im normalen Leben sind, so vernünftig oder unvernünftig handeln sie auch als Anleger. Testen Sie sich selbst: Sie haben eine Aktie gekauft und entgegen Ihrer Erwartung begibt sich der Kurs auf Talfahrt – 5 Prozent, 10 Prozent, 15 Prozent ...

Wer beruhigt sich in einer solchen Situation nicht gerne mit Sprüchen wie: Na ja, ärgerlich, aber irgendwann geht's doch sicher wieder nach oben. Da muss ich halt noch ein bisschen warten.

Wenn auf der anderen Seite der Kurs nach oben geht, ist man schnell zu einem Verkauf bereit, gemäß dem Motto: 15 Prozent Plus, was will ich mehr? Dass solche Verhaltensweisen alles andere als optimal sind, zeigt schon eine einfache Rechnung: Eine Aktie, deren Kurs von 50 auf 25 Euro fällt, hat 50 Prozent verloren. Um von da aus das alte Kursniveau wieder zu erreichen, muss sie ganze 100 Prozent zulegen.

Verluste nicht realisieren

Auch die Wissenschaft hat sich inzwischen solcher psychologischen Phänomene angenommen. Die so genannte Behavioral Finance untersucht die Finanzmärkte aus verhaltenswissenschaftlicher Sicht. Zu den interessantesten Erkenntnissen gehört, dass sich Anleger stärker über Verluste ärgern als über Gewinne freuen. Logische Folge: Man neigt dazu, Verluste nicht zu realisieren, und bleibt auf seinen Minus-Aktien sitzen. Kein Wunder, zeigen Verluste doch, dass der vorherige Kauf eine Fehlentscheidung war. Wer Verlustbringer dagegen bewusst behält, verfährt nach dem Prinzip Hoffnung. Schließlich kann der Kurs ja immer noch steigen und sich im Nachhinein der Aktienerwerb doch noch als richtig herausstellen. Freilich wird das immer schwieriger, je stärker die Aktie in den Keller geht – vergleiche auch obige Prozentrechnung.

Zu spät

Ähnliche Fehler kann man auch auf der anderen Seite machen. Neben dem zu frühen Ausstieg gehört dazu ein verspäteter Einstieg in Boomphasen. Viele Anleger trauen sich erst dann an einen Kauf, wenn die Kurse schon relativ lange und stark angestiegen sind und die Übertreibung bereits wieder einen Abschwung nahe legt. Gut zu beobachten war dies zum Jahresbeginn 2000. Vor allem am Neuen Markt erreichten die Kurse damals illusorische Höhen, die Bewertungen überstiegen den Wert der meist in den roten Zahlen steckenden Firmen um ein Vielfaches. Wer damals im optimistischen Überschwang noch am Schluss kaufte, und das waren nicht wenige, hatte schon wenige Monate später einen Großteil seines Einsatzes verloren.

Mancher Experte wertet es als Warnsignal, wenn das Thema Aktien auf die Titelseite von Boulevardblättern wie *Bild* gerät. Spätestens dann, so der Ratschlag, wenn der Letzte glaubt, mit Aktien Geld verdienen zu können, und dem Herdentrieb folgt, ist der Umschwung nahe. Börsenpsychologen sprechen von irrationalen Übertreibungsphasen. Wenn sich die Kurse scheinbar unmotiviert und abgekoppelt von fundamentalen oder technischen Daten bewegen, heißt es gegensteuern. Denn letztlich, so die Meinung, orientiert sich auch der irrationalste Markt wieder an rationalen Daten.

Unterm Strich sind somit vor allem zwei Eigenschaften für den erfolgreichen Investor unerlässlich: Gespür und Wartenkönnen auf den geeigneten Moment für Kauf beziehungsweise Verkauf sowie Mut, nicht zwanghaft der Mehrheit der Anleger zu folgen. Beides ist jedoch, zugegebenermaßen, einfacher gesagt als getan.

Das Depot fit halten

Das Risiko streuen und den Überblick behalten – das sind die zwei Grundmaximen, die jeder Aktieninvestor beherzigen sollte. Trotz ausgereifter Analysewerkzeuge wird es nie gelingen, immer nur Börsenrenner im Portfolio zu beherbergen. Deshalb sollten die Chancen und Risiken auf unterschiedliche Aktien verteilt werden: Diversifizierung lautet hier das Zauberwort der Börsianer. In einem sinnvoll und gut gemischten Depot werden die Schwankungen im Kurs der einen Aktie durch die Kursschwankungen anderer Titel zumindest teilweise ausgeglichen. Mit durchdachter Streuung kann daher das Gesamtrisiko stark verringert werden, ohne die Rendite zu beeinträchtigen.

Zu empfehlen ist die Auswahl von Papieren, die nur wenig miteinander zu tun haben, die also am besten aus verschiedenen Branchen oder Ländern stammen. So kann ein einzelner Wert, der sich negativ entwickelt, nicht das gesamte Portfolio »infizieren« und ungünstige Einzelfaktoren wirken sich in geringerem Ausmaß aus.

Standardwerte

Um den Vermögenszuwachs langfristig zu sichern, empfiehlt es sich, die Basis des Depots mit Substanzwerten abzudecken, bevorzugt mit großen Standardwerten aus

Auf die richtige Mischung kommt es an – auch bei Aktien.

dem Dax wie DaimlerChrysler, Deutsche Bank oder Allianz. Auch internationale »Schwergewichte« wie IBM, Coca-Cola oder General Motors sind geeignet. Ihre Schwankungsbreite ist relativ gering, die Gefahr eines Totalverlusts sehr klein. Sie bieten eine gute Rendite auch ohne großes Risiko.

Nebenwerte

Je nach Risikobereitschaft des Investors kann ein Teil des Portfolios auch mit spekulativeren Wachstumsaktien aufgefüllt werden. In diese Kategorie fallen an den deutschen Börsen gehandelte Nebenwerte, die stärkeren Kursschwankungen unterworfen sind. Besonders Titel am Neuen Markt verzeichnen oft größere Kurssprünge und sollten deshalb sorgfältig verfolgt werden.
Ein wichtiger Grundsatz in diesem Zusammenhang: In solche Aktien niemals das gesamte Anlagevermögen investieren!

Die richtige Mischung

Die Mischung macht es also: Die Verbindung von »konservativen« und »eher spekulativen« Werten ist für langfristig orientierte Anleger anzuraten, die ihr Depot nicht ständig beobachten wollen. Ein Fondsmanager empfiehlt dem Kleinanleger folgende Portfoliostruktur: Bei vorsichtiger Ausrichtung 90 Prozent Dax-Werte, 5 Prozent MDax-Titel und 5 Prozent Werte vom Neuen Markt. Ist der Anleger eher »chancenorientiert«, rät der Fachmann zu 60 Prozent Dax, 15 Prozent Neuer Markt und 25 Prozent MDax. Auch Aktien aus der Eurozone können mit 10 bis 20 Prozent dabei sein. Da sie in Euro notieren, entfällt das Währungsrisiko.
Mit mehr Risiko behaftet ist eine Beimischung von hoch spekulativen Titeln wie Internetaktien. Hier darf sich der Anleger über Kurssprünge von 10 Prozent nicht wundern. Als richtig »heiß« und als »Zockerpapiere« gelten Titel von Unternehmen, die vom Konkurs bedroht sind, sowie ausländische Nebenwerte, deren Kurs durch Gerüchte hochgetrieben wurde. Aus diesen Segmenten sollte der vorsichtig agierende Anleger, wenn überhaupt, nie mehr als einen oder zwei Titel in sein Depot hereinnehmen.
Risikobewusste Anleger haben mindestens fünf bis acht Titel aus unterschiedlichen Branchen in ihrem Depot, um Kursgefahren klein

zu halten. Mischt man Nebenwerte bei, erhöht sich die Mindestzahl auf acht bis zehn Titel. Dabei sollte der Depotanteil eines Einzelwertes im günstigsten Fall bei etwa 10 Prozent liegen und die 20-Prozent-Marke nicht überschreiten.
Allerdings besteht erfahrungsgemäß bei mehr als 12 bis 15 Werten die Gefahr, dass das Depot unübersichtlich wird und der Überwachungsaufwand für den Privatanleger zu groß. Deshalb: Besser nicht jedem »heißen Tipp« nachgeben, sondern lieber in Aktien, von denen man wirklich überzeugt ist, mehr Kapital investieren. Auch lohnt es sich, stets jeden einzelnen Depotwert im Auge zu haben und auf seine weiteren Chancen hin zu überprüfen. Das bedeutet, im Zweifelsfall lieber einmal zu viel als einmal zu wenig zu verkaufen.

Rote Karte für Verluste

Eine weitere Form des Risikomanagements ist der Einsatz von so genannten Limits. Bei einer normal limitierten Order setzt der Anleger eine Preisobergrenze oder -untergrenze fest, zu der ein Kauf- beziehungsweise Verkaufsauftrag im äußersten Fall ausgeführt werden darf. Eng verwandt damit sind Stop-Loss- und Stop-Buy-Orders.

Stop-Loss-Order

Bei Stop-Loss-Orders handelt es sich um Verkaufsaufträge. Sie werden erst dann ausgeführt, wenn ein bestimmter Kurs erreicht oder unterschritten wird. Fällt zum Beispiel der Kurs einer Aktie auf oder unter das mit dem Auftrag gewählte Limit von 100 Euro, dann wird die Aktie zum nächstmöglichen Kurs verkauft, der an der Börse zustande kommt. Der Nachteil dabei: Fällt der Kurs sehr rasch, wird die Transaktion möglicherweise erst zu einem deutlich unter dem Limit liegenden Kurs ausgeführt. Es ist also nicht gewährleistet, dass der Veräußerungserlös in Höhe des festgelegten Limits liegt.
Trotz dieses kleinen Mangels sind Stop-Loss-Orders äußerst nützlich. Mit ihnen lassen sich Gewinne absichern und Verluste auf ein vorher festgelegtes Maß beschränken. Durch den Einsatz der Stop-Kurse hat der Anleger zum einen die Möglichkeit, den maximalen Verlust jedes Einzelwerts im Depot auf den gleichen Prozentsatz – zum Beispiel auf 10 oder 20 Prozent – zu begrenzen. Er kann aber auch je nach Schwankungsbreite der einzelnen Depottitel Limits unterschiedlich setzen.
Wenn man nach kräftigen Kursanstiegen oder bei hohen Gewinnen nicht verkaufen will, sollte man ebenfalls Stop-Loss-Limits einbauen, damit die Gewinne nicht verloren gehen. Als Anhaltspunkt dient hier zum Beispiel die Untergrenze eines Aufwärtstrends, der sich mithilfe der technischen Analyse und an Charts ablesen lässt.
Wichtig bei dieser Form limitierter Aufträge ist, sich zunächst klar zu machen, bei welchem Kurs das Sicherheitsnetz eingezogen werden soll, ab welchem Punkt also keine weiteren Abschläge mehr tolerierbar sind. Orientierung bieten auch hier technische Kursmarken, deren Unterschreiten den Charttechnikern weitere Verluste im Markt signalisieren. Die Stop-Order sollte dann über diesen Punkten liegen, denn – wie erwähnt – bei einem Kurs-

verfall kommen oft erst weit unter dem vereinbarten Limit liegende Ausführungskurse zustande.
Außerdem muss der Anleger ständig die Marktsituation verfolgen, um die Stops der Entwicklung anzupassen – Fachleute sprechen vom »Nachziehen«. Dies gilt vor allem für die Wachstumstitel des Neuen Marktes, die weitaus stärkere Kursausschläge aufweisen als die Standardwerte. Während bei den wenig schwankungsanfälligen Dax-Werten eine Differenz zwischen Kauf- und Stop-Kurs von 10 Prozent durchaus angemessen ist, erweist sich eine Limitierung in dieser Größenordnung bei Werten des Neuen Marktes als zu eng: Sie könnte schon am nächsten Tag erreicht sein – mit der Folge, dass dann der Titel schon wieder verkauft wird.
Ein Tipp von Investmentprofis lautet außerdem: Stops nicht bei »runden« Marken setzen, also etwa für den Dax bei 6000 Punkten oder für die Deutsche Telekom bei 25 Euro. Da viele Marktteilnehmer auf diese Weise ihre Limits platzieren, kann es bei einer Abwärtsbewegung eines Indexes oder einer Aktie auf oder unter dieses Niveau wegen der vielen automatischen Verkaufsaufträge zu einer technischen Verstärkung des Drucks kommen. Die Abwärtsspirale beschleunigt sich und die Gefahr, dass das Stop-Loss-Limit weit unterschritten wird, wächst.

Stop-Buy-Order

Wer als Anleger gute Chancen auf Kursgewinne ausmacht, kann mit der Stop-Buy-Order arbeiten. Sie ist das Gegenstück der Stop-Loss-Order und kommt als Billigstauftrag automatisch zur Ausführung, wenn ein bestimmter Kurs erreicht oder überschritten wird. Die Händler kaufen dann zum nächstmöglichen Kurs. Damit wird sichergestellt, dass der Anleger bei einem Kursanstieg automatisch mit dabei ist. Als Orientierungshilfe zum Festlegen von Stop-Buy-Marken bieten sich die in der technischen Analyse ermittelten Widerstandslinien nach oben an.
Limits sowie Stop-Loss- beziehungsweise Stop-Buy-Orders sind zeitabhängig. Im Allgemeinen sind Limitkurse bis zum Ende des Monats (Ultimo) gültig, in dem der Auftrag erteilt wurde. Sollen sie auch darüber hinaus noch gelten, muss die Order erneuert werden. Stop-Orders können aber auch täglich oder zum Jahresende gesetzt werden.

Bevor die Gier zu groß wird – Gewinne realisieren

Zum Risikomanagement des Depots gehört auch, Aktien zu verkaufen. Um eine ausgewogene Struktur des Depots zu erhalten, bietet es sich an, Teilgewinne zu realisieren. Ist eine Aktie stark gestiegen, kann der Anleger über einen Teilverkauf nachdenken. Denn solche Gewinnertitel nehmen dann wertmäßig einen höheren Anteil im Depot ein als der Entwicklung hinterherhinkende Papiere. Schichtet man hier nicht um, kommt es zu einer Konzentration des Risikos auf einige wenige Werte.
Im Anschluss an eine kräftige Aufwärtsbewegung kann man aufgrund einer zu erwartenden technischen Gegenbewegung zu niedrigen Kursen neu einsteigen. Bleibt diese Entwicklung wider Erwarten aus, hat man dennoch

nichts verloren, da einige Gewinne sichergestellt wurden: Gewinnmitnahmen nennt der Börsianer das und die haben noch nie einen Anleger arm gemacht. Den Rest der Aktien behält man im Depot und kann so an weiteren Kurssteigerungen teilnehmen. Das aus dem Teilverkauf realisierte Kapital kann in andere Titel mit einem vermutlich höheren Kurspotenzial gesteckt werden. Aber: Wurden die Aktien weniger als ein Jahr gehalten, müssen die Gewinne versteuert werden (→ Abschnitt »Aktien und Steuern«, S. 108 ff.).

Wer dieses Prinzip im März 2000, auf dem Höhepunkt der Euphorie am Neuen Markt, beherzigte, hat sich viel Kummer erspart. In der Überhitzungsphase war der Nemax-50-Index auf mehr als 9000 Punkte geklettert, während in der – nachträglichen – Analystenbetrachtung vielleicht gerade einmal ein Niveau von 5000 bis 6000 Zählern gerechtfertigt gewesen wäre. In der Gier, an dem als fast grenzenlos eingeschätzten Aufwärtstrend teilzuhaben, setzten die Marktteilnehmer auf immer neue und noch höhere Kurssteigerungen. Gewinne wurden kaum mitgenommen. Als sich schließlich herausstellte, dass viele der Geschäftsmodelle der New Economy nicht funktionierten oder die Zukunftsprognosen für die Firmen unrealistisch oder zu rosig bewertet worden waren, kam es zum Markteinbruch.

Wer seitdem Verluste von 80 Prozent erlitten hat und diese aussitzen will, wird bei realistischer Einschätzung der weiteren Entwicklung am Neuen Markt in den nächsten Jahren kaum wieder in die Gewinnzone vorstoßen. Sicher ist es schwer, sich Verluste einzugestehen. Aber je früher sie realisiert werden, desto besser steht es um die Schadensbegrenzung. Auch steuerlich kann sich ein Verkauf mit Verlust als attraktiv herausstellen, weil Fehlbeträge, die innerhalb der Spekulationsfrist von einem Jahr entstanden sind, sich mit Gewinnen aus den folgenden Jahren verrechnen lassen.

Hätte ich bloß rechtzeitig verkauft! Verluste sollte man besser möglichst früh realisieren, um den Schaden gering zu halten.

Aktien- und Börsenbewertung

»Gehen Sie mit der Konjunktur!« So mahnte bereits ein Schlager im Wirtschaftswunder-Deutschland. Und das gilt immer noch, auch für die Auswahl von Aktien. Denn die Unternehmen bewegen sich nicht im luftleeren Raum. Ihre Gewinne, und damit auch ihre Aktienkurse, sind stark an die Entwicklung der Wirtschaft geknüpft.

interview

»Früher haben mich Kennzahlen und Konjunkturdaten nicht sonderlich interessiert. Seit ich aber in Aktien investiert habe, verfolge ich die Entwicklung sehr genau, um kommende Trends möglichst früh zu erkennen. Natürlich schaue ich mir jetzt auch die Jahresabschlüsse der Unternehmen, in die ich investiert habe, viel genauer an. So kann ich mir ein eigenes Bild machen und muss mich nicht mehr nur auf die Urteile und Empfehlungen der verschiedenen Analysten verlassen.«

FUNDAMENTALANALYSE

Will man ein Unternehmen richtig bewerten, muss man sich zwei Dinge fragen: Wie sieht der große Rahmen aus? Und wo steht das Unternehmen meiner Wahl? Im Fachjargon nennt man diese Vorgehensweise Fundamentalanalyse.

Auch bei der Konjunkturentwicklung gilt der Grundsatz: Die Börse handelt die Zukunft und eilt dem bereits Geschehenen um sechs bis zwölf Monate voraus – je nach Theorie der Börsenstrategen. Es sind also die Erwartungen in die zukünftige Wirtschaftsentwicklung, die für die Anlage entscheidend sind. Und weil die Aktienmärkte im globalen Dorf nah beieinander liegen, sollte man bei der gesamtwirtschaftlichen Bewertung nicht nur Deutschland, sondern auch Europa, Asien und vor allem die USA fest im Blick haben. Nach wie vor gilt der alte Börsianerspruch: »Wenn die Wall Street hustet, bekommt Frankfurt die Grippe.«

Welche Konjunkturdaten bewegen die Kurse?

Wohin steuert die Konjunktur? Folgende Kriterien helfen bei der Einordnung:
(Die Pfeile geben an, ob die einzelnen Faktoren die Kursentwicklung positiv (↑) oder negativ (↓) beeinflussen können.)

→ **Zinsen:** Niedrige Zinsen regen die Wirtschaftsentwicklung an. Unternehmen haben geringere Kreditkosten, Gewinne steigen. ↑ Höhere Zinsen schränken dagegen die Investitionsneigung ein. Sie führen zudem zu einer Verlagerung auf dann attraktivere festverzinsliche Wertpapiere wie Anleihen. ↓
→ **Geldmenge:** Die Europäische Zentralbank (EZB) versucht, über die Leitzinsen das Wachstum der Geldmenge und damit die Geldversorgung einer Volkswirtschaft zu steuern. Sinkende Zinsen beflügeln tendenziell das Geldvolumen und damit Konjunktur und Kurse. ↑ Tritt die EZB aus Angst vor Inflation auf die Geldbremse, erhält die Konjunktur einen Dämpfer. ↓ Die EZB informiert regelmäßig über den Stand des Geldmengenwachstums.
→ **Investitionen:** Hohe Investitionen der Industrie sind zum einen ein Signal, dass die Wirtschaft die Wachstumschancen günstig beurteilt. Zum anderen steigen die Wettbewerbsfähigkeit und die Rentabilität der Unternehmen. ↑
→ **Arbeitslosigkeit:** Ist die Arbeitslosenquote hoch, sinken gesamtwirtschaftlich die Einkommen, die Konsumneigung der Verbraucher lässt nach. ↓ Dagegen zieht Vollbeschäftigung personelle Engpässe und damit steigende Personalkosten nach sich, denn es müssen neue Arbeitskräfte angelernt oder abgeworben werden. ↓ Bei Tarifverhandlungen kann die Höhe der Abschlüsse Aufschluss darüber geben, ob es in nächster Zeit über höhere Löhne auch zu einem Anstieg der Inflationsrate kommt. Erscheint der Börse ein Tarifabschluss als überzogen, werden die Kurse sinken. ↓
→ **Privatverbrauch:** Besonders deutliche Impulse für einen Auf- oder Abschwung können vom privaten Verbrauch der Haushalte ausgehen, abzulesen unter anderem an den Einzelhandelsumsätzen. Steigen die Umsätze, wird dies als Zeichen des Vertrauens der Konsumenten in die Wirtschaftsentwicklung gewertet, die Kurse ziehen an. ↑ Sinken die Umsätze, lässt die Konsumneigung der Verbraucher nach. Das könnte einen Abschwung nach sich ziehen. ↓
→ **Wechselkurse:** Zwar mindert der Euro die Abhängigkeit von den Wechselkursen, er hebt sie aber gegenüber Drittwährungen wie dem Dollar oder dem japanischen Yen nicht auf. Ein hoher Eurokurs macht europäische Produkte im Ausland teurer, senkt aber auch

Das »wertvollste« Straßenschild der Welt steht in New York.

die Kosten für importierte Rohstoffe. Umgekehrt verbilligt ein niedriger Eurokurs die Waren im Ausland, importierte Rohstoffe werden dagegen teurer. Für Deutschland mit seinem hohen Exportanteil am Bruttoinlandsprodukt gilt: Ein sinkender Außenwert des Euro wirkt sich positiv auf die Konjunktur und die Ertragslage der Unternehmen aus. ↑ Ein steigender Wert drückt dagegen auf die Konjunktur- und Gewinnentwicklung. ↓

→ **Preise:** Steigt das Preisniveau, könnte die Notenbank die Zinsen erhöhen, um eine Inflationsgefahr abzuwenden. Beachtet werden muss dabei nicht nur die Preisentwicklung hier zu Lande, sondern besonders auch der Erdölpreis auf den Weltmärkten. ↓ Sinken die Preise, verringert sich die Inflationsgefahr und die EZB kann über eine Lockerung, also Senkung der Leitzinsen, nachdenken. ↑

Worauf achten die Anleger im Ausland? In Japan, dem Leitmarkt des asiatischen Raums, schenken die Experten dem so genannten Tankan-Bericht der japanischen Zentralbank besonderes Gehör. Der Quartalsbericht bietet eine umfassende Lagebeurteilung der japanischen Wirtschaft. Darin beantworten rund 10 000 Firmen freiwillig Fragen, die andernorts als Unternehmensgeheimnisse eingestuft werden. So erhält die Notenbank auch von Großkonzernen Auskunft über Zwischengewinne, Lagerbestände, Investitionsabsichten und Personalpläne.

In der Vereinigten Staaten gehört der Index der US-Frühindikatoren, der vom Wirt-

frühindikatoren

Wichtige Hinweise auf die künftige Konjunkturentwicklung liefern auch die so genannten Frühindikatoren. Dazu gehören in Deutschland

- ✔ die Auftragseingänge in der Industrie, die monatlich vom Statistischen Bundesamt veröffentlicht werden. Höhere Auftragseingänge wirken sich positiv auf Konjunktur und Börse aus, niedrigere werden negativ bewertet.
- ✔ die Kapazitätsauslastung im produzierenden Gewerbe. Bei geringerer Auslastung führt eine Produktionssteigerung zu geringeren Kosten. Bei voll ausgenutzten Kapazitäten dagegen ist eine Produktionssteigerung mit steigenden Kosten durch notwendig werdende zusätzliche Investitionen verbunden.
- ✔ der Ifo-Geschäftsklima-Index. Das Wirtschaftsforschungsinstitut Ifo befragt jeden Monat 7000 Firmen nach ihrer Konjunktureinschätzung und kurzfristigen Planung. Aus den Antworten wird der Geschäftsklima-Index entwickelt, der die Stimmung unter den Unternehmen widerspiegelt.

schaftsforschungsinstitut Conference Board zusammengestellt wird, zu den am meisten beachteten Konjunkturdaten. Auch der Index der Nationalen Einkaufsmanager (NAPM) gilt als wichtiges Konjunkturbarometer. Ein Ereignis, vor dem die Börsen weltweit die Luft anhalten, ist die Humphrey-Hawkins-Rede des US-Notenbankchefs, derzeit Alan Greenspan, vor dem Bankenausschuss des amerikanischen Repräsentantenhauses. In halbjährlichen Abständen gibt die Notenbank Federal Reserve, kurz »Fed«, dort Auskunft über Stand und Absicht ihrer Geldpolitik.
Um den amtierenden Chef der amerikanischen Notenbank ranken sich viele Legenden. Angeblich trifft er seine Zinsentscheidungen in der Badewanne. Manche Beobachter, die so genannten »Fed-Watcher«, wollen an der Dicke seiner Aktenmappe den Umfang der Zinsentscheidungen ablesen können. Greenspans verklausulierte Äußerungen bewegen die Märkte weltweit und in Sekundenschnelle. Die einhellige Meinung zum Einfluss der US-Notenbank lautet: »You can't beat the Fed« – die Fed ist nicht zu schlagen.

Wo sind Konjunkturdaten nachzulesen?

Die Veröffentlichung der meisten in- und ausländischen Konjunkturdaten folgt einem festen Terminplan. Der Anleger kann sich mit einem Blick in die Tageszeitung oder auf die Internetseite von Börseninformationsdiensten oder den Anbietern selbst über den Zeitpunkt ihrer Bekanntgabe informieren. In der Vo-

Konjunkturdaten – ein Blick in die Zeitung oder ins Internet genügt.

rausschau liefern die Anbieter meist Schätzungen der Analysten mit, so dass das Ergebnis in der Regel gut einzuordnen ist. Schießt ein Konjunkturbarometer etwa weit über das von den Branchenbeobachtern errechnete Mittel hinaus, so ist mit einer ausgeprägteren Reaktion der Aktienmärkte zu rechnen. Bleibt der Indikator im Rahmen des Erwarteten, so dürften auch die Börsenkurse nicht in größerem Stil ausschlagen. Die vollständigen Berichte über die jeweilige Konjunktur- beziehungsweise Zinsentwicklung werden üblicherweise

von den zuständigen Stellen ins Internet eingestellt und können dort in aller Ausführlichkeit nachgelesen werden.
Die Daten zur Arbeitsmarktsituation in Deutschland zum Beispiel werden am ersten Dienstag, Mittwoch oder Donnerstag eines jeden Monats von der Bundesanstalt für Arbeit jeweils um 10.00 Uhr morgens für den zurückliegenden Monat veröffentlicht. Ein Veröffentlichungskalender ist unter www.arbeitsamt.de in der Rubrik »Arbeitsmarktstatistiken« erhältlich. Auch die Termine für den Ifo-Geschäftsklima-Index sind unter der Adresse http://www.ifo.de im Internet abrufbar.
Der Rat der Europäischen Zentralbank, der über die europäischen Leitzinsen entscheidet, trifft sich in der Regel alle zwei Wochen donnerstags. Die Zinsentscheidungen werden normalerweise um 13.45 Uhr öffentlich gemacht. Die Sitzungen werden mittwochs abgehalten, wenn der darauf folgende Donnerstag ein Feiertag ist. Im Einzelnen sind die Termine unter http://www.ecb.de einzusehen.
Der amerikanische Indikator des Nationalen Verbands der Einkaufsmanager (NAPM), ein stark beachtetes US-Konjunkturindiz, erscheint in der Berechnung für das Verarbeitende Gewerbe am ersten Geschäftstag eines jeden Monats um 10.00 Uhr Eastern Standard Time (EST), entsprechend 16.00 Uhr mitteleuropäischer Zeit. Der Bericht über das nicht Verarbeitende Gewerbe wird jeweils am dritten Geschäftstag eines Monats, ebenfalls um 10.00 Uhr EST, bekannt gegeben.
Den vollständigen »Report on Business« des Verbands können Interessierte unter http://www.napm.org nachlesen.

Welche Kennzahlen sollten Anleger beachten?

Das Kurs-Gewinn-Verhältnis

Nach der Beurteilung des Konjunkturverlaufs sollte der Anleger seine ausgewählte Aktie genauer unter die Lupe nehmen. Eines der beliebtesten Analysekriterien überhaupt ist das Kurs-Gewinn-Verhältnis (KGV), im englischsprachigen Raum als Price-Earnings-Ratio (PER) bekannt. Diese Kennzahl betrachtet das Verhältnis vom derzeitigen oder für die Zukunft prognostizierten Gewinn je Aktie zum Preis der Aktie, also zum Kurs. Zur Berechnung teilt man den Aktienkurs durch den Gewinn je Aktie. Dabei gilt: Je höher das KGV, desto teurer die Aktie. Ein KGV von 50 bedeutet, dass ein Anleger für 1 Euro Gewinn 50 Euro pro Aktie zahlt.
Die erheblichen Differenzen in den KGVs verschiedener Firmen rühren daher, dass die Börse Aktien aus Dax oder MDax ganz anders bewertet als Papiere etwa vom Neuen Markt. Firmen mit einwandfreien Bilanzen und hohen Dividendenzahlungen, so genannte Value- oder Substanzwerte, weisen zum großen Teil niedrige KGVs auf. Schnell wachsenden Konzernen oder Branchenführern wie beispielsweise Microsoft gesteht der Markt auch höhere Bewertungen zu, weil sie gute Chancen für eine rasche Gewinnsteigerung haben. Nicht immer ist ein hohes KGV also ein Grund zu verkaufen.
Um zu erkennen, ob eine Aktie als teuer oder billig gilt, sollten die durchschnittlichen KGVs von Titeln innerhalb einer Branche verglichen werden. Beim Branchenvergleich fallen die

Unterschiede unter den Dax-Werten in der Regel relativ gering aus, da sich eine ganze Legion von Analysten und anderen Profis jeweils mit einem Titel befasst. Unterbewertungen werden so schnell erkannt. Bei kleineren Unternehmen kann es dagegen zu stärkeren Bewertungsdiskrepanzen kommen. Hier lohnt sich der Vergleich.

Die Price-Earnings-to-Growth-Ratio

Bei Firmen aus der »New Economy« (dazu zählen unter anderem die Bereiche Technologie und Internet) kommt hinzu, dass sie oft gar keine oder allenfalls geringe Gewinne ausweisen. Eine Bewertung nur über das KGV greift hier zu kurz oder auch gar nicht. Um also die Erwartungen in das Ertragswachstum der kommenden Jahre bei solchen Titeln richtig einschätzen zu können, sollte auch die »Price-Earnings-to-Growth-Ratio«, kurz PEG, in die Analyse einbezogen werden. Zur Berechnung teilt man das herkömmliche KGV durch die prozentuale Rate, um die der Gewinn des Unternehmens pro Jahr voraussichtlich wachsen wird. Informationen über das potenzielle Wachstum findet man in den Prognosen der Analysten.
Faustregel: Je niedriger die PEG, desto günstiger ist das Papier bewertet. Das KGV sollte nicht höher als das jährliche Gewinnwachstum sein, die PEG also nicht über 1 liegen. Wenn das Unternehmen noch Verluste macht und daher kein KGV berechnet werden kann, zieht man das Kurs-Umsatz-Verhältnis (KUV) zu Rate. Die Kennzahl sagt aus, wie viel für 1 Euro Umsatz an der Börse bezahlt wird.

Die Dividendenrendite

Während der Anleger bei Wachstumswerten zumeist auf Kursgewinne und nicht auf eine hohe Ausschüttung spekuliert, steht bei der Analyse von Substanzwerten neben Kennzahlklassikern wie Gewinn und Umsatz auch die Dividendenrendite im Mittelpunkt des Interesses. Sie berechnet sich, indem man die Dividende (meist inklusive Steuergutschrift) mit 100 multipliziert und dann durch den Aktienkurs teilt. Eine hohe Dividendenrendite bietet eine Absicherung gegen mögliche Kursverluste. Allerdings ist Vorsicht geboten: Oft sind hohe Dividenden nur ein Zeichen für fehlende Investitionsmöglichkeiten oder mangelnde Zukunftstauglichkeit des Unternehmens. Nur wenige Unternehmen mit hohen Ausschüttungen weisen auch ein solides Wachstum bei gleichzeitig niedriger Bewertung auf. Der Anleger sollte also ebenfalls auf Umsatz- und Gewinnzuwächse achten.

Die Bilanz

Wer die aktuelle Lage eines Unternehmens ganz genau einschätzen will, sollte die Bilanz in die Entscheidungsfindung mit einbeziehen. Das Zahlenwerk besteht generell aus zwei Spalten. In der linken, der »Aktivseite«, ist das Vermögen des Unternehmens aufgelistet.
In der rechten Spalte, der »Passivseite«, finden sich Eigenkapital und Schulden. Für Analysezwecke empfiehlt es sich, die Eigenkapitalquote zu ermitteln. Sie wird errechnet, indem man das Eigenkapital durch die Bilanzsumme teilt und mit 100 multipliziert. Je höher die Eigenkapitalquote, also der von den Aktionären getragene Teil der Finanzierung, desto bodenständi-

ger das Zahlenwerk. Das Unternehmen ist in geringerem Maß von (Fremd-)Kapitalgebern – in erster Linie also den Banken – abhängig.

Der Deckungsgrad

Eine weitere wichtige Kennzahl ist der Deckungsgrad. Er ergibt sich, wenn man das Eigenkapital und das langfristige Fremdkapital (zu finden auf der rechten Bilanzseite) addiert, durch das Anlagevermögen (auf der linken Bilanzseite) teilt und mal 100 nimmt. Der Deckungsgrad gibt Aufschluss, inwieweit sich ein Unternehmen langfristig finanziert. Als Anhaltspunkt gilt: Werte über 100 entsprechen einer langfristigen Finanzierung, Werte unter 100 deuten auf eine Zahlungsunfähigkeit hin. Für den Börsenwert wichtig ist auch der Vergleich von Marktkapitalisierung (Kurs mal Gesamtzahl der Aktien) und Eigenkapital. Je größer hier der Unterschied ausfällt, desto weniger Substanz hat der Titel, desto übertriebener ist seine Bewertung an der Börse.

Die Gewinn- und Verlustrechnung

Mindestens ebenso wichtig wie die Bilanz eines Unternehmens ist seine Gewinn- und Verlustrechnung, besser bekannt unter dem Kürzel GuV. Während die Bilanz, vereinfacht gesagt, lediglich Vermögen und Schulden an einem Stichtag (meist 31. Dezember) gegenüberstellt, ermittelt die GuV den Geschäftserfolg einer Firma, und zwar über den gesamten Jahresverlauf hinweg. In dem tabellarischen Rechenwerk werden von allen angefallenen Erlösen (Umsätzen) die Aufwendungen (Kosten) abgezogen. Unterm Strich steht dann der Firmenerfolg, dargestellt in Form des positiven »Jahresüberschusses« (Basis für die Dividende) oder aber des negativen »Fehlbetrags«.

Das Betriebsergebnis

Neben dem Jahresüberschuss gibt es noch andere Gewinnkennziffern, die sich in der Abgrenzung unterscheiden: Beim Betriebsergebnis etwa wird die Differenz aus rein betrieblich bedingten Einnahmen und Aufwendungen errechnet. Berücksichtigt man noch Posten, die nichts mit der eigentlichen Geschäftstätigkeit zu tun haben (wie etwa Mieteinnahmen), erhält man das so genannte Ebit (»Earnings before interest and tax«): den Gewinn vor Zinsen und Steuern. Mit dieser international gebräuchlichen Kennzahl lassen sich Unternehmen aus unterschiedlichen Ländern gut vergleichen.

Der Cashflow

Ebenfalls aus der GuV wird der Cashflow ermittelt. Er umfasst den Jahresüberschuss, die Abschreibungen und die Veränderung der langfristigen Rückstellungen. Aus dieser Kombination lassen sich Rückschlüsse auf die Fähigkeit des Unternehmens ziehen, die eigenen Aktionäre zu bedienen, zugleich Zukunftsvorsorge zu treffen und Investitionen aus eigener Kraft zu finanzieren.
Die Kennzahl dient vor allem der besseren Interpretation der Ertragsentwicklung, besonders wenn Cashflow und Gewinn in entgegengesetzte Richtungen gehen. Sinkt das Jahresergebnis und der Cashflow steigt, so kann das die Folge umfangreicher Investitionen und

eines entsprechend wachsenden Abschreibungsbedarfs sein. Der erhöhte Abschreibungsbedarf muss aber keine Schwächung der Ertragskraft bedeuten: Sind die Investitionen erfolgreich, wird die Ertragskraft des Unternehmens gestärkt. Steigt umgekehrt das Ergebnis und der Cashflow lässt nach, kann das auf einen Rückgang der Investitionen hindeuten. Die zunächst positiv erscheinende Gewinnentwicklung geht auf Kosten der Zukunft des Unternehmens. Deshalb sollte der Anleger immer auch die Investitionen in Sachanlagen in die Beurteilung mit einbeziehen. Zu fragen ist: Wie hoch waren die Aufwendungen in der Vergangenheit und wie sehen die künftigen Planungen aus?

Um den Cashflow je Aktie zu berechnen, teilt man den Jahres-Cashflow durch die Anzahl der ausgegebenen Aktien. Das Kurs-Cashflow-Verhältnis (KCV) erhält man mit der Formel: Aktienkurs durch Cashflow je Aktie. Das KCV wird als Ergänzung zum KGV eingesetzt. Wenn das KCV weit unter dem Marktdurchschnitt liegt, so kann eine Aktie, die nach dem KGV als angemessen bewertet gilt, dennoch preiswert sein.

Der Cashflow: Eine wichtige Erfolgskennzahl, die dem Anleger einen guten Einblick in die Aktivitäten des Unternehmens gibt.

Die Eigenkapitalrendite

Nicht vernachlässigen sollten Fundamentalanalysten daneben die Eigenkapitalrendite. Man erhält sie, indem man den Gewinn mal 100 nimmt und durch das Eigenkapital dividiert. Hat ein Unternehmen im Branchenvergleich eine überdurchschnittlich hohe Eigenkapitalrendite, so besteht oft eine unterdurchschnittliche Eigenkapitalausstattung. Dies kann ein Zeichen für eine hohe Fremdfinanzierung über Kredite mit all ihren Risiken sein. Kein Problem ist es, wenn eine Firma über eine hohe Eigenkapitalrendite bei guter Eigenkapitalquote verfügt. Daraus lässt sich ableiten, dass die gute Verzinsung des Eigenkapitals nicht durch einen hohen Fremdmittelanteil erzielt wurde, der das Unternehmen krisenanfälliger machen würde.

Die Gesamtkapitalrendite

Rechnet man zur Eigenkapital- auch die Fremdkapitalverzinsung hinzu, erhält man die Gesamtkapitalrendite. Sie bildet die Ertragskraft des im Unternehmen investierten Kapitals ab und schließt auch die Verschuldungskosten mit ein. Berechnet wird die Gesamtkapitalrendite, indem man Ergebnis und Zinsaufwand addiert, das Resultat mal 100 nimmt und durch die Bilanzsumme teilt. Bei ertragsstarken Gesellschaften liegen die Kapitalrenditen deutlich über dem Kapitalmarktzins.

Die Umsatzrendite

Die Umsatzrendite zeigt auf, wie viel von jedem umgesetzten Euro als Gewinn übrig bleibt. Dazu nimmt man den Gewinn mal 100 und teilt durch die Umsatzerlöse. Die Umsatzrendite ist von Branche zu Branche sehr unterschiedlich. Relativ hohen Sätzen in der chemischen Industrie stehen vergleichsweise niedrige Renditewerte im Großhandel gegenüber.
Glänzt eine Firma mit einer überdurchschnittlichen Branchen-Umsatzrendite, dann können zwei Faktoren dahinterstehen: Entweder gelingt es dem Unternehmen, über qualitativ bessere Produkte höhere Preise durchzusetzen, oder aber es produziert zu geringeren Kosten als die Mitbewerber. Generell gilt für die Fundamentalanalyse: Je genauer man die aktuellen Daten einer Aktie kennt, desto besser kann man die Zukunft der Papiere beurteilen. Da aber überwiegend mit Schätzwerten gearbeitet wird, die immer mit gewissen Fehlerquoten behaftet sind, kann es eine hundertprozentige Sicherheit bei der Prognose nicht geben. Gäbe es die perfekte Voraussage, dann wäre ja die Börse selbst überflüssig.

Beispielrechnungen zur Fundamentalanalyse

Wichtige Kennzahlen zur Aktienbewertung kann grundsätzlich jeder selbst errechnen, falls sie nicht zur Verfügung stehen. Wir zeigen dies beispielhaft für die BASF AG. Der neueste Jahresbericht 2000 wurde dabei von der Unternehmens-Homepage des Chemiekonzerns (http://www.basf.de) heruntergeladen, dort ist auch der jeweils aktuelle Kurs der Aktie zu ersehen (im Beispiel 48,30 Euro, erreicht am 25. Mai 2001). Die durchschnittlichen Erwartungen der Analysten für das Jahr 2002 – auch bei der fundamentalen

Bewertung gilt wie immer, dass an der Börse die Zukunft gehandelt wird – stammen von den Webseiten http://www.onvista.de sowie http://www.maxblue.de. Alle Angaben in Euro.

Die Rolle des Firmenumfelds

Bei aller Zahlenmagie darf nicht der Blick auf das Umfeld des Kaufkandidaten vergessen werden. Wie sieht die Konkurrenzsituation aus? Wer hat das bessere Geschäftsmodell? Wo arbeitet das versiertere Management? Wer verfügt über die klarere Ausrichtung? Wer hat die selbst gesteckten Ziele und Prognosen am ehesten erfüllt? Welche Produkte bringt der Wettbewerber auf den Markt?

Der Branchentrend

Ganz vorne steht die Frage nach der Stärke der betreffenden Branche. Denn die Branchenzugehörigkeit einer Gesellschaft gewinnt immer mehr an Bedeutung, der eigentliche Firmensitz spielt im Zuge der Globalisierung kaum noch eine Rolle. Vor allem in der Euro-

fundamentalanalyse

KGV

$$= \frac{\text{aktueller Aktienkurs}}{\text{erwarteter Gewinn/Aktie 2002}} = \frac{48{,}30}{3{,}34} = 14{,}46$$

KCV

$$= \frac{\text{aktueller Aktienkurs}}{\text{erwarteter Cashflow/Aktie 2002}} = \frac{48{,}30}{8{,}52} = 5{,}67$$

PEG

$$= \frac{\text{KGV}}{\text{prozentuale Rate, um die der Gewinn pro Jahr voraussichtlich wachsen wird}} = \frac{14{,}46}{22} = 0{,}65$$

Dividendenrendite in Prozent[1]

$$= \frac{\text{Dividende}}{\text{Aktienkurs}} \times 100 = \frac{1{,}30}{48{,}30} \times 100 = 2{,}69$$

Umsatzrendite in Prozent[2]

$$= \frac{\text{Jahresüberschuss}}{\text{Umsatzerlöse}} \times 100 = \frac{1{,}240\text{ Mrd.}}{35{,}946\text{ Mrd.}} \times 100 = 3{,}45$$

Eigenkapitalquote in Prozent[2]

$$= \frac{\text{Eigenkapital}}{\text{Bilanzsumme}} \times 100 = \frac{14{,}295\text{ Mrd.}}{38{,}55\text{ Mrd.}} \times 100 = 37{,}08$$

[1] auf Basis des Dividendenvorschlags für 2000 und ohne Sonderdividende von 0,70 Euro/Aktie

[2] auf Basis des Jahresberichts 2000

zone nimmt der Ländereinfluss immer mehr ab.
Ein großer Teil der Kursentwicklung einer Aktie ist also durch den Branchentrend zu erklären. In der Vergangenheit hat sich gezeigt, dass Titel mit einer überdurchschnittlichen Entwicklung immer auch zu einer im entsprechenden Zeitpunkt führenden Branche gehörten. War etwa Microsoft bei den Spitzenaktien, dann legten auch die Kurse anderer Software-Firmen überdurchschnittlich zu. Wer also in eine bestimmte Aktie investieren will, sollte sich vergewissern, ob mindestens ein weiterer Titel aus der gleichen Branchengruppe eine ähnliche Kursstärke ausweist. Zudem kann der Investor anhand entsprechender Berichte in der Wirtschaftspresse verfolgen, in welchen Segmenten sich die großen institutionellen Anleger engagieren. Generell gilt: Zeigt der Branchentrend nach unten, sollte man nur dann Aktien aus diesem Sektor kaufen, wenn sehr gewichtige Argumente für ein spezielles Unternehmen sprechen.
Wie erkennt man die führenden Branchen? In der Finanzpresse finden sich immer wieder Studien und Analysen zu den einzelnen Wirt-

Brancheninformationen findet man in der Finanzpresse, im Internet sowie in Studien und Analysen, die bei vielen Groß- und Investmentbanken erhältlich sind.

schaftssektoren. Ein Branchen-Performance-Rating, das die Wirtschaftsbereiche nach ihrer Stärke darstellt, bietet die *Financial Times Deutschland* an. Die Banken, insbesondere die Groß- und Investmentbanken, haben neben Analysen zu Einzelaktien oft auch volkswirtschaftliche Studien im Angebot. Dabei werden einzelne Länder, größere Regionen und eben auch Branchen unter die Lupe genommen. Die international besten Standardwerte der einzelnen Wirtschaftsbereiche sind in den Dow Jones Sector Titans Indexes vertreten. Dabei handelt es sich um 18 Branchenindizes, die dem Anleger die jeweils weltweit größten Unternehmen in den definierten Industriezweigen darstellen. Die Indizes finden sich im *Wall Street Journal* oder unter http://www.indexes.dowjones.com. Branchenspezifische Entwicklungen auf nationaler Ebene lassen sich an den Teilindizes des Composite Dax oder kurz CDax ablesen. Der CDax umfasst alle Aktien, die im amtlichen Handel an der Börse in Frankfurt notiert werden. Er ist in 16 Subindizes unterteilt, die folgende Industriezweige beinhalten: Automobile, Bau, Chemie, Beteiligungen, Elektronik, Brauereien, Hypothekenbanken, Geschäftsbanken, Transport, Maschinenbau, Papier, Energieversorgung, Stahl, Textil, Versicherungen und Konsum. Anhand dieser Teilindizes kann man die Entwicklung einzelner Branchen in Deutschland vergleichen. Es lässt sich aber auch ein Vergleich zum Beispiel deutscher Transportunternehmen mit ihren internationalen Wettbewerbern anstellen. Der CDax wird in den großen Finanzzeitungen abgedruckt.

Die Unternehmensbeurteilung

Bei der Unternehmensbeurteilung darf ein Blick auf die Konkurrenz keinesfalls vergessen werden. In den Einzelbewertungen der Analysten findet der Anleger meist auch eine Einordnung der Wettbewerbssituation des Unternehmens, für das er sich interessiert. Besonders beleuchtet werden etwa folgende Fragen: Hat die Firma Standards in ihrem speziellen Geschäftsfeld geschaffen? Gehört sie zu den Marktführern? Sind die Markteintrittsbarrieren für Wettbewerber hoch oder niedrig? Verfügt das Unternehmen über Technologien, die dem Anwender einen Vorteil gegenüber anderen Methoden verschaffen? Wie viele Lizenzen und Patente – zum Beispiel bei Biotechnologie-Firmen – wurden angemeldet? Wie ist die Positionierung am Markt? Solche Analysen können in der Wirtschaftspresse, bei Börseninformationsdiensten und auf Finanz-Websites wie http://www.onvista.de oder http://www.aktiencheck.de nachgelesen werden.

Wenn die »Equity Story« auf Sand gebaut ist

Mit den Wettbewerbsfaktoren hat man gleichzeitig eine Fülle von Informationen über das Geschäftsmodell eines Unternehmens zusammengetragen – und damit die »Equity Story« ausgeleuchtet, nach der vor allem die Profi-Anleger suchen. Diese »Story«, die zwischen Geschäftsidee und Umsetzungsplan steht, soll neben der Konkurrenzposition die strategische Ausrichtung, die Managementkapazitäten, das Marktpotenzial und – bei Neuemissionen – die Verwendung des Emissionserlöses aufzeigen. Und das alles möglichst plausibel und einleuchtend. Denn in der Praxis zeigt sich immer wieder: Je einzigartiger das Geschäftsmodell, desto besser wird sich das Unternehmen entwickeln.

Der märchenhafte Erfolg von Microsoft

Sicher ist es schwierig, unter jungen Unternehmen die Perlen herauszufinden. Erfolgsgeschichten wie die von Microsoft sind dünn gesät und aktuell kaum mehr in dieser Form denkbar. Der heutige Software-Gigant hatte in den 80er Jahren als kleiner Zulieferer des Computerriesen IBM angefangen. Schon damals formulierte Firmengründer Bill Gates sein Ziel, »den gesamten Weltmarkt für Software zu monopolisieren« – und wurde dafür von der Konkurrenz belächelt. Den Wettbewerbern verging das Lachen allerdings schnell. Das Betriebssystem Windows setzte sich als Standard weltweit durch und Gates wurde vorübergehend zum reichsten Unternehmer der Welt mit einem marktbeherrschenden Mega-Konzern im Rücken.

Lügenmärchen

Doch das sind märchenhafte Ausnahmekarrieren. Dass das Pendel viel öfter in die andere Richtung ausschlägt, haben im Jahr 2000 viele Neuemissionen am Neuen Markt bewiesen. Nahmen die Investoren auf dem Höhepunkt der Überhitzung der High-Tech-Börse jede halbwegs gut erzählte Wachstumsgeschichte für bare Münze, entpuppten sich viele der auf den ersten Blick überzeugenden »Equity Storys« schnell als Lügenmärchen. Dieser Entwicklung sind Anleger grundsätzlich nicht schutzlos ausgeliefert. Es existieren Warnsignale, die erkennen lassen, dass eine Börsengeschichte allzu fantastisch gesponnen war und bald in sich zusammenfallen könnte.
Für institutionelle Anleger ist die Gewinnwarnung das erste Alarmsignal, das heraufziehende Gefahren ankündigt. Das Unternehmen scheint sich im Tempo verschätzt zu haben. Werden gar Planzahlen bereits wenige Wochen nach dem Börsengang korrigiert oder die Bilanzierungsmethoden geändert, kommt das schon einem Wink mit dem sprichwörtlichen Zaunpfahl nahe.

Ad-hoc-Mitteilungen

Verfällt eine Firma auf die Methode, sich besonders vor dem Hintergrund sinkender Aktienkurse mit unbedeutenden Ad-hoc-Mitteilungen zu Wort zu melden, keimt leicht der Verdacht auf, sie wolle ihre tatsächliche Lage verschleiern. Ad-hoc-Mitteilungen sind wichtige Unternehmensnachrichten, die der Öffentlichkeit sofort zugänglich gemacht werden müssen, weil sie den Börsenkurs beeinflussen können. Ursprünglich sollte mit der im Wertpapierhandelsgesetz (WpHG) verankerten Verpflichtung ausgeschlossen werden, dass diese kursrelevanten Nachrichten nur Insidern bekannt sind, die ihren zeitlichen Wissensvorsprung dann zu ihrem Vorteil ausnutzen können. Viele Unternehmen am Neuen Markt funktionierten jedoch den Zwang zur Publizität – die Ad-hoc-Meldungen werden von Unternehmen wie der Deutschen Gesellschaft für Ad-hoc-Publizistik (DGAP) unkommentiert weiterverbreitet – zur eigenen Imagepflege um.

beispiel

Ad-hoc-Mitteilung, übermittelt durch die DGAP

Für den Inhalt der Mitteilung ist der Emittent verantwortlich

Infineon reicht Registrierungserklaerung bei der US-amerikanischen Wertpapieraufsichtsbehoerde ein

Muenchen, 05. Juni 2001 – Infineon Technologies AG (FWB/NYSE:IFX) hat am Montagabend eine Registrierungserklaerung bei der US-amerikanischen Wertpapieraufsichtsbehoerde SEC (Securities and Exchange Comission) eingereicht, um ein oeffentliches Angebot von Aktien durch die Gesellschaft in den USA zu ermoeglichen. Die Gesellschaft hat Goldman, Sachs & Co. OHG als den globalen Koordinator mandatiert.

Ende der Ad-hoc-Mitteilung

DGAP 05.06.2001

Die Unsitte bedeutungsloser Wortmeldungen nahm solche Formen an, dass sich zwischenzeitlich das Bundesaufsichtsamt für den Wertpapierhandel, das die Kapitalmärkte überwacht, mit der Thematik beschäftigen musste. Anleger sollten dementsprechend auf Ad-hoc-Mitteilungen zwar ein wachsames Auge haben, zugleich jedoch die Inhalte kritisch auf Kursbedeutung überprüfen. Nicht jeder 10 000-Euro-Auftrag ist schließlich für Börsianer von Interesse, auch wenn das Unternehmen ihn als Durchbruch feiert.

Wenn Altaktionäre ihre Anteile verkaufen

Hellhörig sollten Anleger auch werden, wenn Altaktionäre sich kurzfristig nach einem Börsengang von ihren Anteilen trennen. Am Neuen Markt müssen sich die bisherigen Anteilseigner, vor allem also die Firmengründer, verpflichten, ihre Papiere nach dem Börsengang mindestens sechs Monate zu behalten. Mit dieser so genannten Lock-up-Periode will man ein schnelles Kassemachen verhindern. Gute Unternehmen verlängern diese Sperrfrist meist freiwillig um weitere Monate, um das Vertrauen der Groß-Anteilseigner in die Firma zu demonstrieren: Welcher Altaktionär würde sich schließlich schnell von seinem Wertpapierbestand trennen, wenn er von dem eigenen Unternehmen überzeugt ist?
Nun müssen solche Aktienverkäufe nicht zwangsläufig auf schwindendes Vertrauen in das eigene Unternehmen hinweisen. Auch ein Firmenchef benötigt schon einmal Bares. Im Allgemeinen werden sie jedoch von den Börsianern negativ interpretiert. Schließlich ist ganz unabhängig vom Grund damit ein keineswegs positiver finanzieller Aspekt verbunden. Verkäufe, gleich von wem, drücken grundsätzlich auf den Kurs. Umfangreiche Verkäufe tun das umso mehr. Schmerzlich bekamen das die Aktionäre des Medienunter-

nehmens Intertainment im Frühjahr 2001 zu spüren. Vorstandschef Ernst Rüdiger Baeres tat sich damals als einer der eifrigsten Verkäufer eigener Anteile hervor und beförderte damit den ohnehin dümpelnden Kurs noch weiter in den Keller. Im Nachhinein stellte sich zwar heraus, dass Baeres seine Papiere einer Bank als Kreditbürgschaft angedient hatte und das Institut dann auf deren Veräußerung drängte – für Kleinanleger war das aber nur ein schwacher Trost.
Immerhin ist seit März 2001 direkt nachvollziehbar, welche Vorstands- und Aufsichtsratsmitglieder der rund 340 Firmen am Neuen Markt Aktien des eigenen Unternehmens verkaufen oder kaufen – und wie viel. Auf der Internetseite der Deutschen Börse (http://www.deutsche-boerse.com/nm) findet sich eine entsprechende Liste, die täglich aktualisiert wird. Wenn die Aufstellung auch ihre Mängel hat – Geschäfte von Familienmitgliedern sind beispielsweise nicht meldepflichtig –, einen ersten Überblick bietet sie allemal.

Informationen über das Unternehmen

Neben Informationsmöglichkeiten wie Zeitung oder Internet gibt es für den Anleger eine direkte Möglichkeit, sich Einblick in das Unternehmen seiner Wahl zu verschaffen. Für Finanzanalysten ist es eine der wichtigsten Quellen, um Firmen richtig einschätzen zu können: der jährlich erscheinende Geschäftsbericht. Während man in den Medien eine kommentierte Aufbereitung und Einordnung der Kennzahlen vorfindet, kommen im Geschäftsbericht die Informationen vom Unternehmen selbst, also aus erster Hand.
Geschäftsberichte sind zum einen ein objektives Analysemittel, denn die Zahlen und Angaben zum Jahresabschluss werden von einer unabhängigen Wirtschaftsprüfungsgesellschaft testiert. Zum anderen kann die Firma den Bericht zur Öffentlichkeitsarbeit verwenden und gesetzliche Gestaltungsspielräume nutzen, um das Unternehmen in einem guten Licht erscheinen zu lassen und die Erfolge der Unternehmenspolitik herauszustreichen.
Aktiengesellschaften sind wie alle Kapitalgesellschaften gemäß Handelsgesetzbuch (HGB) verpflichtet, Anteilseigner und andere Interessenten über wichtige Tatbestände innerhalb des Unternehmens zu informieren. Im Zuge der wirtschaftlichen Globalisierung sind viele Unternehmen dazu übergegangen, ihren nach dieser Vorschrift fälligen obligatorischen Jahresabschluss – in erster Linie bestehend aus Bilanz und Gewinn- und Verlustrechnung – nach internationalem oder amerikanischem Standard zu erstellen. Die Bilanzierungsmethoden IAS (International Accounting Standards) oder US-GAAP (Generally Accepted Accounting Principles) zielen auf eine größere Transparenz des Unternehmensberichts ab als die deutschen HGB-Regeln. Gesellschaften, die danach bilanzieren, stellen der Öffentlichkeit weit mehr als die vom Handelsgesetzbuch geforderten Informationen zur Verfügung. Im Mittelpunkt der deutschen Bilanzvorschriften nach HGB steht dagegen der Schutz der Gläubiger, also der Kre-

ditgeber. Für Anleger ergibt sich das grundsätzliche Problem, dass die nach den verschiedenen Prinzipien erstellten Abschlüsse untereinander kaum vergleichbar sind.
Unabhängig von der gewählten Bilanzierungsmethode beinhaltet jeder Geschäftsbericht den Jahresabschluss, den Lagebericht und weitere Informationen. Der Jahresabschluss umfasst die Bilanz, die Gewinn- und Verlustrechnung (GuV) und den Anhang. Da der Aufbau vorgeschrieben und formal vergleichbar ist, soll anhand des Geschäftsberichts der Frankfurter Binding-Brauerei AG beispielhaft gezeigt werden, wie und wo die wichtigen Informationen zu finden sind.
Einen ersten Überblick bieten die Anfangs- beziehungsweise Umschlagseiten. Hier sind die wichtigsten Kennzahlen »auf einen Blick« zu finden. Im Anschluss (oder als loses Blatt beigefügt) folgt die Aufstellung der Tagesordnungspunkte der Hauptversammlung und deren Termin.

Vorstandsbrief an die Aktionäre

Der Bericht des Binding-Vorstands an die Aktionäre beschreibt zunächst allgemein die Situation der deutschen Brauwirtschaft, gefolgt von einer Einschätzung des Unternehmens in diesem Umfeld.
Damit erhalten Investoren wichtige Hinweise auf die Branchenlage, die ja einen Teil der Fundamentalanalyse eines Unternehmens darstellt.
In Geschäftsberichten finden sich zusätzlich oft auch Stellungnahmen zur konjunkturellen Lage oder zur Wirtschaftspolitik. Diese Äußerungen lassen Rückschlüsse zu, wie das Management den Einfluss der gesamtwirtschaftlichen Faktoren auf die Firma bewertet. Nicht immer muss sich ja die allgemeine Konjunkturlage eins zu eins im Unternehmen widerspiegeln.

DER BINDING-KONZERN AUF EINEN BLICK

		1997	1998	1999	Veränderung zum Vorjahr in %
Verkauf					
Umsatzerlöse	Mio. DM	1.863,9*)	1.809,4*)	**1.764,5**	– 2,5
Erlöse aus Getränkeverkäufen (ohne Lohnbrau und Einzelhandel)	Mio. DM	1.461,3	1.442,3	**1.408,0**	– 2,4
Erlöse aus Bierverkäufen (ohne Lohnbrau und Einzelhandel)	Mio. DM	1.374,2	1.366,0	**1.335,7**	– 2,2
Investitionen, Finanzierung					
Investitionen in Sachanlagen und Lieferrechte	Mio. DM	240,3	171,4	**135,5**	–20,9
Abschreibungen auf Sachanlagen und immaterielle Vermögensgegenstände	Mio. DM	210,1	188,6	**170,7**	– 9,5
Ergebnis					
EBIT**)	Mio. DM	71,6	67,9	**94,9**	+39,8
Jahresüberschuss	Mio. DM	21,3	14,7	**21,0**	+42,9

*) Angepasst an den Ausweis 1999.
**) Ergebnis vor Zinsen und Ertragsteuern.

TERMINPLANUNG 2000/2001

Dividendenbekanntmachung	13. 07. 2000
Veröffentlichung des Zwischenberichts	25. 08. 2000
Veröffentlichung des Jahresabschlusses	22. 09. 2000
Bilanzpressekonferenz	31. 05. 2001
Einladungsbekanntmachung	02. 06. 2001
Hauptversammlung	11. 07. 2001

Lagebericht

Dem Vorstandsbrief schließt sich im Binding-Geschäftsbericht der Lagebericht der AG sowie des Konzerns (eigentliche AG plus Tochtergesellschaften) an. Er schildert den Geschäftsverlauf im Berichtsjahr, die Situation der Firma innerhalb der Branche und die finanzielle Lage des Unternehmens anhand von Tabellen und Grafiken. Unter dem Stichwort »Ertragslage« finden sich zum Beispiel das Betriebsergebnis, das Ergebnis vor Abzug der Steuern und der Jahresüberschuss, also der Gewinn nach Steuern. Diese wichtigen Kennzahlen sind selbstverständlich nochmals in der formalen Gewinn- und Verlustrechnung zu finden – dort allerdings etwas versteckt.

Einschätzung des laufenden Geschäftsjahres

Auf Themen wie »Mitarbeitersituation« und »Maßnahmen für den Umweltschutz« folgt im Lagebericht einer der für Anleger interessantesten Abschnitte des Geschäftsberichts: die Einschätzung des laufenden Geschäftsjahres. Dieser Part ist deswegen so spannend, weil an der Börse nicht für Zahlen der Vergangenheit, sondern der Zukunft bezahlt wird. Allerdings werden in der Vorausschau auf Umsätze und Gewinne meist keine konkreten Daten genannt. Oft müssen sich die Aktionäre mit Prognosen wie »zweistelliges Wachstum« zufrieden geben. Erst später im Geschäftsjahr, in den auf den Geschäftsbericht folgenden Zwischen- und Quartalsberichten, lassen die bis dahin abgewickelten Geschäfte genauere Hochrechnungen auf das Jahresergebnis zu. Immerhin ist im Binding-Geschäftsbericht bereits ein Kurzabriss über die ersten Monate des bereits laufenden Geschäftsjahres zu finden. Tatsächlich werden Geschäftsberichte ja nicht pünktlich zum Ende des Geschäftsjahres veröffentlicht, sondern im Allgemeinen drei Monate später. Sowohl die Erstellung der Bilanz durch das Unternehmen selbst wie auch die Prüfung durch den unabhängigen Wirtschaftsprüfer bedingen diese zeitliche Verzögerung.

Anhang

Im durch das HGB vorgeschriebenen Anhang muss die Brauerei Auskunft über die bei der Bewertung der Bilanz-Aktiva und -Passiva verwendeten Methoden geben. Dieser scheinbar formale Punkt kann in der Praxis sehr wesentlich werden, ist er doch die Quelle für »Bilanzkosmetik«. Je nach Bewertung können Vermögen und Schulden – im gesetzlichen Rahmen – grundsätzlich höher oder tiefer angesetzt werden. Wenn zum Beispiel die Vorräte mit dem niedrigsten zulässigen Wert in der Bilanz stehen anstatt mit einem marktnahen Preis, dann entstehen so genannte stille Reserven. Diese Reserven sind in der Bilanz kaum erkennbar und bewirken in der Praxis, dass das Unternehmen mehr wert ist als aus Bilanz und GuV ersichtlich. Weil das die Transparenz mindert, haben Aktionäre an stillen Reserven grundsätzlich kein Interesse, außerdem fällt der Gewinnausweis und damit die Dividende tendenziell geringer aus. Bei Konzernen informiert der Anhang über den Konsolidierungskreis, also die Zahl der in einen Konzernabschluss einbezogenen Gesellschaften. Auch die Entwicklung des

Anlagevermögens wird detailliert beschrieben und ermöglicht damit einen genauen Einblick in den Zustand der Anlagen, in die Kapazitäten und in die Investitionspolitik des Unternehmens. Binding hat diesen Punkt gesondert als Tabelle am Ende des Berichts angefügt. Forderungen und Verbindlichkeiten werden im Anhang nach Restlaufzeiten gegliedert aufgeführt. Damit lässt sich besser auf die Auswirkungen der zu erwartenden Zu- und Abflüsse liquider Mittel schließen. Die Eigenkapitalgliederung erklärt die Herkunft der ausgewiesenen Eigenmittel. Wer wissen will, wie viel das Management verdient, wird ebenfalls fündig. Die Gesamtsumme der Bezüge wird im Allgemeinen jedoch nicht nach den einzelnen Vorstandsmitgliedern aufgeschlüsselt.

Bilanz

Die Bilanz ist die Aufstellung des Vermögens und der Verbindlichkeiten zu einem bestimmten Stichtag und damit zusammen mit der Gewinn- und Verlustrechnung das Herzstück jedes Geschäftsberichts. Anleger müssen sich aber stets bewusst machen, dass das scheinbar unbestechliche Zahlenwerk seine Tücken hat. Neben den Bewertungsspielräumen bei Vermögensgegenständen und Schulden sollten sie auf zeitlich versetzte Forderungen oder Verbindlichkeiten achten. Solche Summen sind am Bilanzstichtag bereits bekannt, aber noch nicht wirksam.

Gewinn- und Verlustrechnung

Die GuV zeigt dem Anleger, woher im Laufe des vergangenen Geschäftsjahres die Erträge des Unternehmens stammten, welche Kosten bei der Erzielung dieser Erträge entstanden sind und welcher Jahresüberschuss oder Fehlbetrag ausgewiesen wird. Dem Anhang schließt sich im Binding-Jahresbericht unter dem Stichwort »Gewinnverwendung« der Dividendenvorschlag des Vorstands und des Aufsichtrats an.

Der Sozialbericht

Innerhalb des Geschäftsberichts widmen manche großen Unternehmen ein separates Kapitel dem Sozialbericht. Er soll das soziale Engagement zum Ausdruck bringen. Der Sozialbericht enthält Informationen über die Ausgabe von Belegschaftsaktien, Sonderzuwendungen und Gewinnbeteiligungen, betriebliche Gesundheitsfürsorge, betriebliche Altersvorsorge, Aus- und Weiterbildungsangebote, Anzahl und Zusammensetzung der Arbeitnehmerschaft (Geschlecht, Alter, Fluktuation, Arbeiter, Angestellte, Auszubildende), Informationen zu bestehenden Tarifverträgen, Veränderungen bei Entlohnung und Arbeitszeit ... Die Sozialberichterstattung soll also vor allem die soziale Verantwortung des Unternehmens darstellen.
Einige Unternehmen haben in den letzten Jahren den Sozialbericht zur Sozialbilanz erweitert, in der der gesellschaftliche Nutzen den gesellschaftlichen Kosten der Unternehmenstätigkeit gegenübergestellt wird. Denkbare Inhalte einer Sozialbilanz sind beispielsweise problembehaftete Produkte und Produktionsverfahren (Umweltschutz), Arbeitszeitmodelle, Erfolgsbeteiligungsmodelle und Mitbestimmungsregelungen.

BINDING-

BILANZ ZUM

Aktiva	Anhang	DM	Stand 31.12.1999 DM	Stand 31.12.1998 TDM
Anlagevermögen	1.			
Immaterielle Vermögensgegenstände			**11.968.741,00**	11.598
Sachanlagen			**48.514.506,49**	64.254
Finanzanlagen			**326.046.328,81**	321.210
			386.529.576,30	**397.062**
Umlaufvermögen				
Vorräte	2.		**8.226.581,85**	8.180
Forderungen und sonstige Vermögensgegenstände				
Forderungen aus Lieferungen und Leistungen	3.	**34.224.947,73**		(28.062
Übrige Forderungen und sonstige Vermögensgegenstände	4.	**57.387.362,34**		(35.489
			91.612.310,07	63.551
Flüssige Mittel	5.		**23.987.213,09**	15.900
			123.826.105,01	**87.631**
			510.355.681,31	**484.693**

JEREI AG

ZEMBER 1999

BILANZ DER AG

Passiva	Anhang	Stand 31.12.1999 DM	Stand 31.12.1998 TDM
Eigenkapital			
Gezeichnetes Kapital	7.	**54.640.300,00**	54.640
Kapitalrücklage	8.	**35.561.745,21**	35.562
Gewinnrücklagen	9.	**91.879.750,00**	84.880
Bilanzgewinn	10.	**13.205.512,91**	13.200
		195.287.308,12	188.282
Sonderposten mit Rücklageanteil	11.	**21.976.872,90**	22.312
Rückstellungen			
Rückstellungen für Pensionen		**97.553.385,00**	93.155
Steuerrückstellungen		**44.470.000,00**	52.858
Sonstige Rückstellungen	13.	**43.965.000,00**	41.315
		185.988.385,00	187.328
Verbindlichkeiten	14.		
Verbindlichkeiten gegenüber Kreditinstituten		**692.396,03**	22.332
Verbindlichkeiten aus Lieferungen und Leistungen		**14.318.013,07**	12.366
Übrige Verbindlichkeiten		**91.221.937,51**	51.156
		106.232.346,61	85.854
Rechnungsabgrenzungsposten		**870.768,68**	917
		510.355.681,31	484.693

BINDING-BRAUEREI AG

GEWINN- UND VERLUSTRECHNUNG

FÜR DIE ZEIT VOM 1. JANUAR BIS 31. DEZEMBER 1999

	Anhang	1999 DM	1998 TDM
Umsatzerlöse	15.	**371.468.485,89**	397.998
Erhöhung (Vorjahr Verminderung) des Bestands an Erzeugnissen		1.031.997,38	377
Sonstige betriebliche Erträge	16.	46.662.666,48	70.354
		419.163.149,75	**467.975**
Materialaufwand	17.	145.666.732,26	158.726
Personalaufwand	18.	79.278.643,80	79.263
Abschreibungen auf immaterielle Vermögensgegenstände des Anlagevermögens und Sachanlagen	19.	29.990.649,40	34.544
Sonstige betriebliche Aufwendungen	20.	136.643.320,93	179.115
		27.583.803,36	**16.327**
Beteiligungsergebnis	21.	66.924.644,34	60.535
Abschreibungen auf Finanzanlagen	22.	6.937.432,43	3.328
Zinsergebnis	23.	–4.350.942,98	–8.126
Ergebnis der gewöhnlichen Geschäftstätigkeit		**83.220.072,29**	**65.408**
Steuern vom Einkommen und vom Ertrag	24.	44.478.784,74	25.100
Sonstige Steuern		18.582.380,54	20.136
Jahresüberschuss	25.	**20.158.907,01**	**20.172**
Gewinnvortrag		46.605,90	28
Einstellung in andere Gewinnrücklagen		7.000.000,00	7.000
Bilanzgewinn der Binding-Brauerei AG		**13.205.512,91**	**13.200**

Informationen aus zweiter Hand – Analyseberichte

Analyseberichte, bekannt auch unter dem englischen Begriff »research reports«, bieten Beurteilungen zu Unternehmen oder ganzen Branchen. Im Gegensatz zum Geschäftsbericht handelt es sich dabei um Informationen aus zweiter Hand, da sie von Analysten geschrieben werden, die Geschäftsberichte sowie sonstige öffentlich zugängliche Quellen auswerten. In ihren Arbeiten versuchen Analysten insbesondere, die Zukunftschancen der Aktiengesellschaften zu ergründen. Sie stellen dabei Voraussagen für die künftigen Gewinne auf – im Allgemeinen für einen Zeitraum von wenigstens drei Jahren – und prognostizieren Kursentwicklungen, häufig für zwölf Monate im Voraus.

Sind Analysten wirklich unabhängig?

Um die Arbeit der Analysten ist in der letzten Zeit eine lebhafte Debatte entbrannt. Auch wenn es die Betroffenen natürlich weit von sich weisen, ist die Frage berechtigt, ob jeder Analyst stets so unabhängig ist, wie es die Branche darstellt. Besonders offensichtlich wird die Problematik, wenn man die zwei Arten von Analysten betrachtet: die auf der Kaufseite (»buy-side«) und die auf der Verkaufsseite (»sell-side«).
Buy-Side-Analysten liefern beispielsweise an die Fondsmanager im eigenen Haus oder an den Eigenhandel des Instituts.
Sell-Side-Analysten arbeiten unter anderem für die Wertpapierberater der Bank. Oder sie erstellen Analysen anlässlich eines Börsengangs, den ihre Bank organisiert. Da die Unternehmensberichte der von einer solchen Bank beschäftigten Analysten die Kauflust der Kunden beeinflussen, sind Verrisse nicht erwünscht. Gerade bei verkaufsseitigen Analysen sollte man daher keine vollkommene Objektivität erwarten. Tatsächlich ist es erwiesen, dass die große Mehrzahl aller Analysen mit dem Urteil »kaufen« oder wenigstens »halten« startet.
Dieses Urteil in Form eines einzigen Begriffs ist das, was die Öffentlichkeit an einer Analyse oft am meisten interessiert.

empfehlungen

- ✔ verkaufen (»sell«)
- ✔ reduzieren (»reduce«)
- ✔ halten (»hold«)
- ✔ akkumulieren (»accumulate«)
- ✔ kaufen (»buy«)
- ✔ starker Kauf (»strong buy«)

Vorsicht!

So bequem diese Resümees in Kurzform sein mögen, so sehr sollte man ihnen mit Vorsicht begegnen. Letztlich haben sie alle Vor- und Nachteile, die Schulnoten auch besitzen. Die schnelle Information wird mit einer fehlenden Differenzierung erkauft. Ein »Kauf« muss da unter Berücksichtigung aller Einflussfaktoren noch lange kein wirkliches Schnäppchen sein. Die reinen Handlungsempfehlungen legen nämlich ihren Beurteilungsmaßstab nicht

einstufungen

- »underperformer« (unterdurchschnittliche Wertentwicklung)
- »market performer« (durchschnittliche Wertentwicklung)
- »outperformer« (überdurchschnittliche Wertentwicklung)

offen. Die ehrlicheren Bezeichnungen sind da die »Performer«-Einstufungen. Sie sagen klar aus, dass sich die Beurteilung an der Marktentwicklung orientiert. Wenn der Gesamtmarkt allerdings nach unten geht, können auch die mit »kaufen« oder »outperformer« belegten Papiere ins Minus trudeln.
Es empfiehlt sich also, bei einer Analyse nicht nur Kurzeinschätzung und Kursziel zu studieren, sondern die gesamte Arbeit unter die Lupe zu nehmen. Zugegeben: Das kann gelegentlich eine mühsame Arbeit sein, ist manches Werk inklusive aller Zahlenlisten doch mehr als 100 Seiten stark. Doch insbesondere dann, wenn man eine Aktie schon in die nähere Auswahl gezogen hat, lohnt sich die Mühe. Damit eine Analyse kein Buch mit sieben Siegeln bleibt, wird im Folgenden der grundsätzliche Aufbau an konkreten Beispielen vorgestellt.

Beispiel DaimlerChrysler

Zum Stuttgarter Automobilkonzern und Dax-Wert DaimlerChrysler hat die Investmentbank Credit Suisse First Boston Ende April 2001 eine 27 Seiten starke Studie erstellt. Auf dem Cover ist ersichtlich, dass sich nicht nur ein Analyst mit der Thematik beschäftigt hat, sondern gleich drei. Und das ist bei weitem nicht rekordverdächtig: Eine Untersuchung zur Biotechnologiefirma Qiagen etwa wird gleich von sechs Analysten verantwortet. Anleger mit wenig Zeit könnten es grundsätzlich bei der Titelseite belassen. In wenigen Sätzen versuchen die Analysten, hier ihre Anlageempfehlung zu begründen und auf den Punkt zu bringen. Dabei werden konkrete Firmendaten angesprochen (»jüngster Produktionsstart des neuen Jeep Liberty markiert erste gute Nachricht für Chrysler in einem sehr schwierigen Zwölf-Monats-Zeitraum«) wie auch allgemeine Fragen der Unternehmensbewertung erörtert. Grundsätzlich setzt die Untersuchung einiges an Kenntnissen voraus – zum Beispiel sollte man wissen, dass Schwierigkeiten im Bereich Chrysler das Geschäft des Daimler-Gesamtkonzerns belasten. Doch auch wer noch wenig Ahnung vom Unternehmen hat, wird auf die aktuellen Kernpunkte hingewiesen: Analysen bieten also über den jährlichen Geschäftsbericht und eventuelle Quartalsberichte hinaus aktuelle Ansätze. Für ihre Erstellung gibt es meistens einen konkreten Anlass: im Fall des CSFB-Berichts über Daimler war es die anstehende Präsentation der Quartalszahlen.

Erwartung – Wirklichkeit

Interessanterweise erfolgte in diesem Fall die Veröffentlichung vor der eigentlichen Bekanntgabe der Geschäftsdaten. Investoren konnten also schon bald darauf einen Vergleich zwischen Erwartung und Wirklichkeit ziehen. Tatsächlich wirken sich die Erwartungen von Analysten – meist zusammengefasst in so genannten Konsensus-Schätzungen – gelegentlich heftig auf die Preisentwicklung der Unternehmensaktien aus. Übertrifft die wirkliche Unternehmensentwicklung die Prognosen der Profis, reagieren viele Anleger umgehend mit kräftigen Käufen; bleibt die Entwicklung hinter den Schätzungen zurück, führt dies zu zahlreichen Verkäufen.

Auf die Analyse vor Bekanntwerden von Geschäftszahlen folgt die Nachbetrachtung. Hier zeigt sich gelegentlich der begrenzte Wert solcher Untersuchungen und insbesondere der Kurzurteile. Denn kaum hat etwa ein großes Unternehmen schlechte Zahlen vorgelegt, vollzieht sich ein bis zwei Tage später eine stets wiederkehrende Vorstellung: Ein Analyst nach dem anderem legt seine neue Studie vor und stuft dabei, so heißt es im Fachjargon, das Unternehmen herunter. Bis dahin hat der Kurs aber schon längst reagiert. Möglicherweise drückt die Neu-Einschätzung nochmals auf den Kurs, insbesondere wenn es sich um eine einflussreichere Investmentbank handelt. In der Tat sind die Auswirkungen von Studien auf den Aktienmarkt höchst unterschiedlich. Senkt etwa der Analyst der kleinen Hamburgischen Landesbank den Finger, wird dies weitaus geringere Reaktionen zur Folge haben, als wenn es etwa eine Kollegin aus den großen US-Häusern Goldman Sachs oder Morgan Stanley tut.

Auch Credit Suisse First Boston gehört zu den einflussreicheren Kommentatoren. Die Kurzbegründung der Daimler-Kaufempfehlung auf der ersten Seite wurde daher von den Anlegern sicherlich wachsam aufgenommen: »Basierend auf (...) unserer Erwartung eines kontinuierlichen Gewinnwachstums bis 2003 wiederholen wir unsere Kaufen-Empfehlung für Daimler-Chrysler.« Indes produziert eine solche bestätigende Aussage allenfalls einen eingeschränkten Aha-Effekt an den Märkten. Veränderte Einschätzungen und veränderte Kursziele dagegen werden von Nachrichtenagenturen wie Reuters oder Bloomberg mit Priorität verbreitet und erreichen alleine schon deswegen eine ungleich höhere Aufmerksamkeit.

»Sum-of-the-parts«-Bewertung

Wer tiefer in die Unternehmensproblematik eindringen möchte, liest in der CSFB-Studie weiter und wird angenehm überrascht: Auch Analysten haben offenbar Humor. »Kaufen Sie einen Mercedes und Sie bekommen einen Chrysler kostenlos dazu«, verheißt die dritte Seite. Nun handelt es sich dabei keineswegs um ein Sonderangebot für Aktionäre. Vielmehr bringt der lockere Spruch die Bewertung der Analysten für das Unternehmen auf den Punkt. Die ergibt sich, indem man die einzelnen Unternehmensteile, darunter die Mercedes-Pkw- und Nutzfahrzeugsparte, addiert. Ohne den Verlustbringer Chrysler kommt diese so genannte »Sum-of-the-parts«-Methode auf 58 Euro pro Aktie. Auf der Basis des damaligen Kurses von rund 55 Euro fußt somit diese Einschätzung, das Unternehmen sei »sehr billig«. Alleine mit diesen Zahlen können Anleger schon allerhand anfangen. Klettert etwa der Kurs über die Marke von 58 Euro, müssten

Anleger also einen Aufschlag zahlen, was die fundamentale Bewertung anbelangt. Jeder Investor kann selbst entscheiden, ob ihm das die Aktie wert ist – im wahrsten Sinne des Wortes. Kommt Verlustbringer Chrysler wieder in die schwarzen Zahlen, müsste der Unternehmensteil in jedem Fall wieder in die »Sum-of-the-parts«-Bewertung einfließen, also den auf der Firmenbewertung fußenden Wert der Aktie nach oben ziehen.

Kaufen – halten – reduzieren?

Wer es noch genauer haben will, wird in der Folge mit Statistiken und vielfältigen Szenarien bedient. Man erfährt Einzelheiten zum Marktumfeld und zur Konkurrenz. Auch von Produktrisiken ist die Rede, doch kommen die auf einer halben Seite etwas kurz. Das verwundert nicht, handelt es sich doch um eine »Kauf«-Studie, die eine vergleichsweise optimistische Grundhaltung zum Unternehmen einnimmt. Würden die Risiken stärker herausgestellt und damit gewichtet, stünde unterm Strich sicherlich nicht die Empfehlung »kaufen«. Wer mehr über die negativen Geschäftsfaktoren erfahren will, müsste eher zu einer Analyse mit skeptischerem Grundton greifen – etwa einer, die als Anlageempfehlung allenfalls zum »Halten« der Daimler-Aktie rät. Tatsächlich ist die Spannbreite der Analysen groß: Während der eine Experte die Aktie für einen »starken Kauf« hält, rät der andere zum Reduzieren von Beständen. Beim Umgang mit Analysen ist also zu berücksichtigen:

→ Als Ergänzung zu reinen Unternehmensinformationen wie dem Geschäftsbericht sollten Anleger auch Analysen zu Rate ziehen.
→ Analysen können von Interessen geleitet sein, die nicht denen des Investors entsprechen.
→ Wer sich für ein bestimmtes Unternehmen entschieden hat, studiert am besten mehrere Analysen, um ein breites Meinungsspektrum kennen zu lernen.
→ Auch eine einzelne Studie hat ihren Wert, wenn der Analyst offen legt, wie er zu seiner Bewertung kommt (sollte Standard sein).

Analysen-»Fundorte«

Wie man als Privatanleger zu Analysen kommt, ist kein ganz einfaches Thema. Zunächst bietet es sich an, den Bankberater zu fragen, da er normalerweise regelmäßig mit solchen Studien beliefert wird. Auch das Internet stellt eine ergiebige Quelle dar. Aktiengesellschaften mit einer guten Investorenbetreuung bieten manchmal Studien zum direkten Herunterladen an. Gute Adressen sind Finanzseiten wie http://www.onvista.de oder http://www.neuermarkt.com. Der britische Anbieter http://www.multexinvestor.com hat sich auf die Veröffentlichung von Analysen spezialisiert. Allerdings hat das Angebot seinen Preis. Einige der dort vorhandenen Untersuchungen sind kostenlos, weil gesponsert. Für manch andere müssen jedoch je nach Umfang bis zu dreistellige Summen gezahlt werden.

interview

Die richtige Aktie zum richtigen Einstiegszeitpunkt zu finden, das wäre eine feine Sache. Das bedeutet, ich muss mich mit der technischen Analyse beschäftigen, mit Charts, Kursinformationen, Trends, Widerstands- und Unterstützungslinien, mit Wimpeln ... Eine ganze Menge, die da auf mich zukommt.

TECHNISCHE ANALYSE

Einen ganz anderen Ansatz der Aktienanalyse als die »Fundamentalisten« verfolgen die Charttechniker. »Im Kurs steckt alles drin« lautet ihr Glaubenssatz. Demnach kann sich der Anleger die Untersuchung von Unternehmenskennzahlen oder die Interpretation des Börsenumfelds sparen. Alles, was der Investor wissen muss, erfährt er aus Kurvenverläufen (Charts) und Formationen. Mit eingeschlossen wird die Betrachtung von Umsatzdaten der einzelnen Papiere.

Charttechnik als alternative »Denkrichtung«

Ziel des Charttechnikers und seiner Kursbeobachtung ist, die richtige Aktie zum richtigen Einstiegszeitpunkt zu finden. Primäres Werkzeug für Analyse und Prognose sind dabei die Charts.
Die zunächst abstrakt anmutende Analyse basiert auf der Überlegung, dass der Marktwert einer Aktie allein durch das Zusammenspiel

von Angebot und Nachfrage zustande kommt. Angebot und Nachfrage wiederum hängen davon ab, wie die Marktteilnehmer die Zukunft des Titels einschätzen. In diese Einschätzung sind bereits sämtliche bekannte Daten eingeflossen und haben sich im Kurs manifestiert. In der Charttheorie bilden also Kursbewegungen und Umsatzverläufe das Verhalten und die Bewertung der Investoren ab. Und da sich menschliche Verhaltensweisen nur langsam und in längeren Zeiträumen ändern, führen gleichartige Marktsituationen zu gleichartigen Reaktionen der Anleger. Aus der Auswertung historischer Kurse weiß man, dass nach bestimmten Kursformationen immer wieder typische Folgebewegungen zu erwarten sind.

Der Trendkanal

Eine der Grundannahmen der technischen Analyse lautet daher: Aktien bewegen sich in Trends. Ein einmal etablierter Trend bleibt bestehen, bis sich ein neuer herausbildet. Steigt zum Beispiel eine Aktie längere Zeit, nutzen die Investoren jeden Rückgang zu neuen Käufen. Der Kurs macht seinen Verlust wieder wett und steigt erneut. Beim nächsten Höchststand verkaufen einige mit Gewinn, der Kurs verliert wieder. Diesen Rückgang nutzen andere Anleger zum Einstieg – und so weiter. Verbindet man die jeweiligen Hoch- und Tiefpunkte, so ergibt sich ein Aufwärtstrend. In einem Aufwärtstrend liegt jedes Hoch über dem vorhergehenden Hoch und

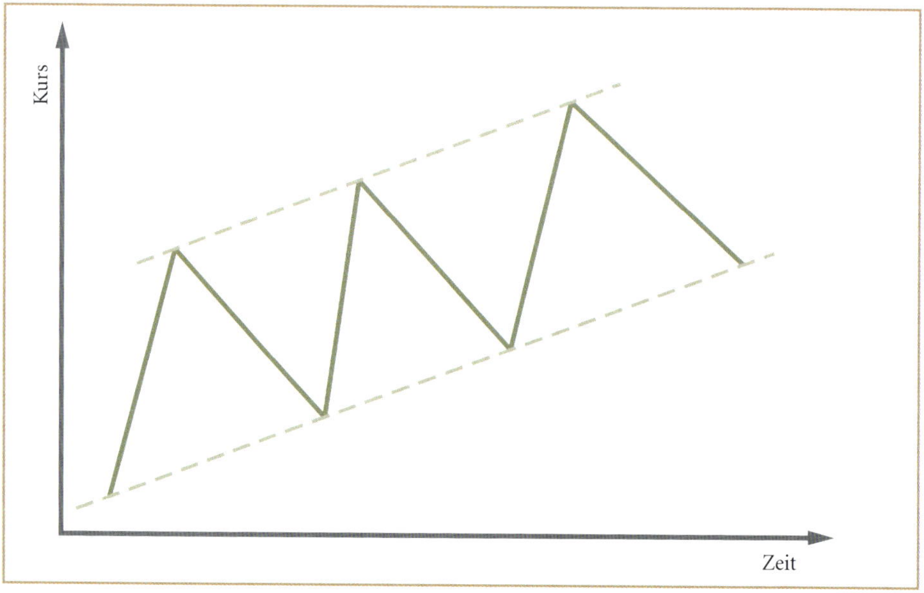

Der Trendkanal soll Aufschluss über die voraussichtliche Wertentwicklung eines Papiers geben.

jedes Tief über dem vorherigen Tiefpunkt. Der Trendkanal kann natürlich auch in der Gegenrichtung verlaufen: Beim Abwärtstrend nutzen die Anleger jeden kleinen Anstieg zum Ausstieg. Dadurch fällt der Kurs, wodurch zum Tiefkurs wieder Kaufinteresse besteht – und so weiter.
Einen langfristigen Trend kann man nach Ansicht der Chartfreunde leicht erkennen. Führt er aufwärts, läuft er bald wieder nach oben. Daher sagt der Börsianer: »The trend is your friend.« Das heißt: Folge dem Trend und steige weder in einem Aufwärtstrend aus noch in einem Abwärtstrend ein! Dabei muss der Anleger immer beobachten, ob der Trendkanal stabil bleibt. Fällt etwa der Kurs einer Aktie unter die untere Linie eines Aufwärtstrends – damit bezeichnet man die während des Aufwärtstrends durchlaufenen Tiefstände –, dann droht die Gefahr, dass der Trend bricht und es zu weiteren Kursverlusten kommt. Für den Charttechniker ist das ein klares Signal zum Ausstieg. Umgekehrt bedeutet der Ausbruch aus einem Abwärtstrend über die obere Linie der Abwärtsbewegung eine mögliche Kurserholung. Charttechnisch ist die Aktie wieder interessant.

Widerstand und Unterstützung

Zwei weitere Signale sind die Widerstands- und die Unterstützungslinie. Von einem Widerstand sprechen die Techniker, wenn der Kurs in einer Aufwärtsbewegung ein bestimmtes Niveau nicht überschreiten kann, von einer Unterstützung, wenn er nach einem Rückgang nicht mehr unter einen bestimmten Stand absackt.

Gleitender Durchschnitt

Ähnlich wichtig sind die gleitenden Durchschnitte. Sie bilden den jeweils durchschnittlichen Kurs einer bestimmten Anzahl von Börsentagen ab. Man kann den gleitenden Durchschnitt als Linie in einen Aktienchart einzeichnen und gewinnt so einen Indikator dafür, ob ein Trend noch intakt ist. Schneidet die Linie des Kursverlaufs die Durchschnittslinie von oben nach unten, fällt sie also zum Beispiel auf ein unter dem Durchschnitt der letzten 200 Börsentage liegendes Niveau, spricht das für einen Verkauf. Umgekehrt gilt als Kaufindikator, wenn der Kurs den gleitenden Durchschnitt von unten nach oben schneidet. Vorsicht ist geboten, wenn sich verschiedene Trendlinien schneiden. Fällt etwa die 30-Tage-Linie unter die 200-Tage-Linie, gilt das als besonders schlechtes Zeichen. Die 200-Tage-Linie ist hauptsächlich für echte Langfristanleger interessant, die nur bei drohenden starken Kurseinbrüchen aussteigen wollen. Für Kleinanleger, die Aktien lediglich mehrere Monate halten wollen, ist die 30-Tage-Linie von größerer Bedeutung.

Self-fulfilling Prophecy

Was ist generell von der technischen Analyse zu halten? Kritiker werfen den Chartanalytikern vor, ihre Vorgehensweise funktioniere nach der Art einer sich selbst erfüllenden Prophezeiung: Millionen von technisch orientierten Investoren beobachten Chartformationen und treiben die Kurse in die Richtung, die das Signal nahe legt. Der überzeugte technische Analytiker hält dem entgegen, dass es gleichgültig ist, warum sich ein Kurs in eine

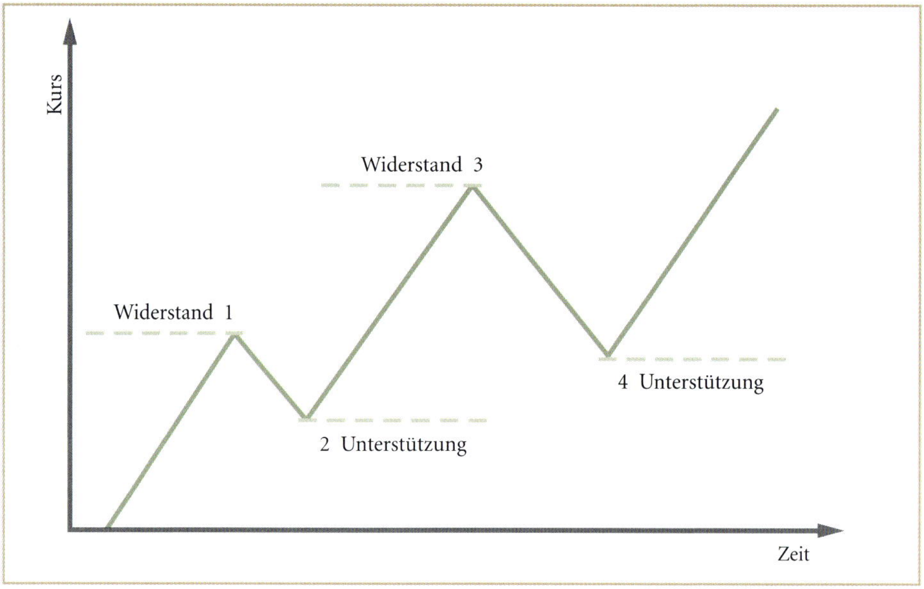

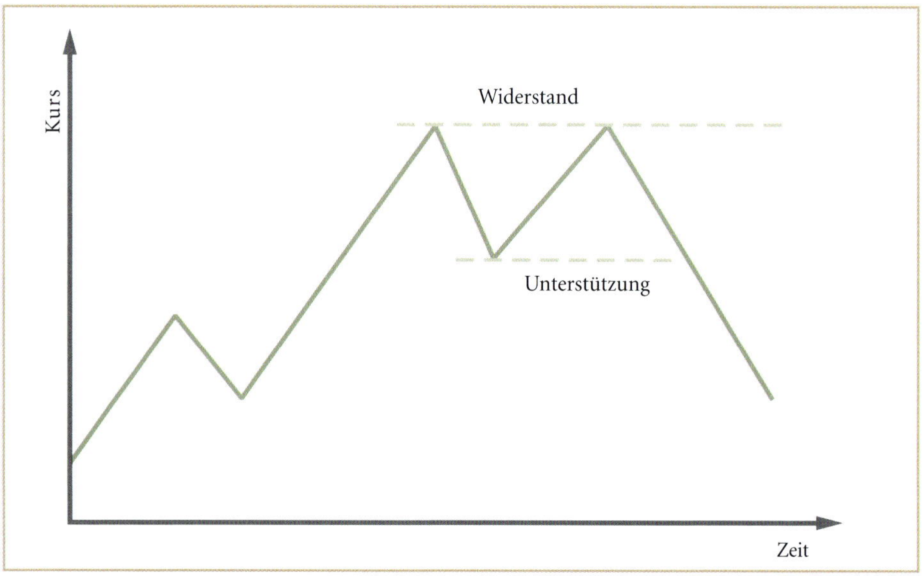

Widerstand und Unterstützung markieren vorläufige Höchst- bzw. Tiefststände.

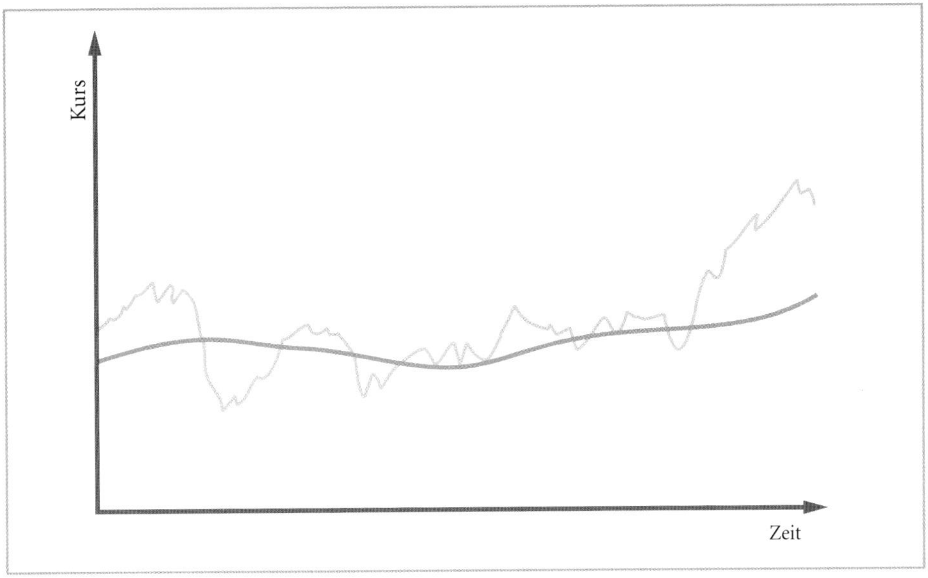

Wird der Kursverlauf von oben nach unten durchbrochen, gilt dies als Verkaufssignal und umgekehrt.

Schneiden sich zwei Trendlinien, ist besondere Vorsicht geboten.

bestimmte Richtung bewegt. Entscheidend sei, dass er sich so entwickelt und dass der Anleger angemessen darauf reagiert. Auch der Einwand, die technische Analyse benutze Kursdaten aus der Vergangenheit zur Vorhersage der Zukunft, bringt den Chartanhänger nicht aus der Ruhe. Jede Prognosemethode basiert schließlich auf historischen Daten, vom Wetterbericht bis zur gesamtwirtschaftlichen und fundamentalen Aktienanalyse.
Dennoch gilt: Die Charttechnik beruht auf Wahrscheinlichkeiten, ihr Erfolg konnte bisher weder eindeutig belegt noch widerlegt werden. Sie kann für Kaufentscheidungen nützlich sein, führt aber auch bei professioneller Anwendung zu Fehlentscheidungen, wenn Signale falsch interpretiert werden oder versagen. Keine Methode der technischen Analyse ist unfehlbar, räumen selbst Anhänger ein. Aber auch Investoren, die dieser Analysemethode skeptisch gegenüberstehen, sollten die charttechnischen Indikatoren in jedem Fall gut im Auge behalten: Da diese Art der Analyse unter den Anlegern weit verbreitet und beliebt ist, führt sie gelegentlich zu starken Bewegungen am Aktienmarkt, die den Anleger dann nicht unvorbereitet treffen. Eine Aktienentscheidung sollte also nie ohne Rücksicht auf die charttechnische Situation des Gesamtmarktes und des Einzelwertes getroffen werden. Wie so oft gilt auch hier, den goldenen Mittelweg zwischen beiden grundsätzlichen Ansätzen der Aktienanalyse zu finden. So sollte der Investor sowohl die fundamentalen wie auch die technischen Kriterien beachten und den Kauf einer Aktie eher zurückstellen, wenn von einer der beiden Seiten ein Warnsignal kommt.

Acts of God

Es gibt aber auch Ereignisse an der Börse, die beide Methoden außer Kraft setzen. Charles Dow, Erfinder des bekannten Wall-Street-Marktbarometers Dow Jones, sprach von ihnen als »Acts of God«: unvorhersehbare, mit keiner analytischen Methode berechenbare Ereignisse wie Naturkatastrophen oder politische Unruhen, die sich auf den gesamten Aktienmarkt auswirken können. Mit solchen Vorkommnissen muss der Anleger rechnen, mit Analysewerkzeugen vorwegnehmen kann er sie nicht.

Chartformationen und ihre Bedeutung

Besonders empfehlenswert sind Aktienkäufe und -verkäufe in Trendumkehr-Phasen. Welche Formationen bestätigen nun einen Trend und welche signalisieren eine Trendwende? Aus der Vielzahl der Indikatoren sollen hier nur die grundlegenden herausgegriffen werden, mit deren Hilfe Kursverläufe bereits sehr wirkungsvoll eingeschätzt werden können.
Zu den wichtigsten Trendumkehr-Formationen gehört die Schulter-Kopf-Schulter-Formation. Sie signalisiert eine Umkehr von steigenden zu fallenden Kursen. Der Kurs erreicht ein Hoch, fällt zurück, erreicht dann ein zweites Hoch, das deutlich über dem ersten liegt. Dann fällt er wieder. Zwar erholt er sich auch diesmal, aber nur bis zum Niveau des ersten Hochs. Wenn der Kurs erneut abfällt, ist die Schulter-Kopf-Schulter-Formation vollendet. Wenn der Kurs die so genannte Nackenlinie durchbrochen hat, also die Linie zwischen den Ausgangspunkten der beiden Schultern, dann dürften die Kurse

erfahrungsgemäß weiter fallen. Bestätigt wird dieses Verkaufssignal, wenn gleichzeitig eine Trendlinie oder ein gleitender Durchschnitt nach unten durchbrochen wird.

Für eine relativ schnelle und deutliche Trendumkehr steht die so genannte M-Formation oder Doppel-Top-Formation. Zunächst zeigt die Aktie einen ausgeprägten Aufwärtstrend ohne größere Unterbrechungen. Ergibt sich ein erster Rückschlag, nimmt die Aktie gewöhnlich erneut Anlauf nach oben und erreicht vielleicht noch einmal den ersten Hochpunkt, bevor sie nach unten dreht und die Basislinie durchbricht: Der Chart bildet den Buchstaben M nach. Die beiden oberen Spitzen stehen dabei für die in etwa auf demselben Kursniveau liegenden Höchstnotierungen. Sie müssen allerdings mit einem gewissen zeitlichen Abstand auftreten – nach Analystenmeinung mindestens zwei Monate –, um als Bote einer Trendumkehr zu gelten. Unterschreitet der Kursverlauf dabei gleichzeitig den 200-Tage-Durchschnitt, gilt dies als Bestätigung des Verkaufssignals.

Bei der W-Formation, dem Gegenbild zum »M«, zeichnet der Chart zwei auf etwa dem gleichen Niveau liegende Tiefpunkte auf. Sie signalisieren eine Bodenbildung und damit einen Aufwärtstrend.

Formationen, die eine Trendfestigung bedeuten, werden vornehmlich durch Keil, Flagge und Wimpel dargestellt. Dabei verbindet man jeweils kurzfristige obere und untere Kursausschläge miteinander und erhält so die typischen Muster. Beim Keil verlaufen die obere und die untere Begrenzungslinie einander zugeneigt, treffen sich aber nicht. Bei der Flagge verlaufen die obere und die untere Begrenzungslinie waagrecht zueinander. Beim Wimpel laufen obere und untere Begrenzungslinie aufeinander zu und treffen sich in einem Punkt.

Die Vorgehensweise

Verwenden Sie am besten ein Linienchart. Untersuchen Sie zunächst, ob der Kurs einen Trend erkennen lässt. Sehen Sie einen Aufwärts-, Abwärts- oder Seitwärtstrend? Folgt der Trend einem Trendkanal? Ist der Trend noch jung oder besteht er schon länger? Ist der Trend stabil? Gibt es Trendbestätigungen? Entspricht die aktuelle Kurslage dem Trend? Nun ermitteln Sie aus den abgebildeten Kursverläufen Unterstützungs- beziehungsweise Widerstandslinien. Wenn Sie eine Formation erkennen: Wie deutlich ist sie? An welcher Stelle der Formation befindet sich der aktuelle Kurs? Was sagt die Formation über die Kursentwicklungen aus?

Ob die Resultate Ihrer Analyse eindeutig genug sind, um eine Kauf- oder Verkaufsentscheidung zu treffen, liegt in Ihrem Ermessen. Machen Sie aber nicht den Fehler, Ihre Wunschvorstellungen in Charts hineinzuinterpretieren! Wenn Sie nicht sicher sind, dass eine eindeutige Prognose möglich ist, lassen Sie lieber die Finger davon – das gilt für Kauf und Verkauf. Wie immer auch Ihre Entscheidung ausfällt – stehen Sie dazu! Sollte Ihre Entscheidung falsch gewesen sein, dann retten Sie, was noch zu retten ist, bevor alles den Bach runtergeht. Sie wissen schon: The Trend is your friend. Aber vor Überraschungen ist niemand gefeit. Behalten Sie also nach einem Investment Ihre Anlage genau im Auge.

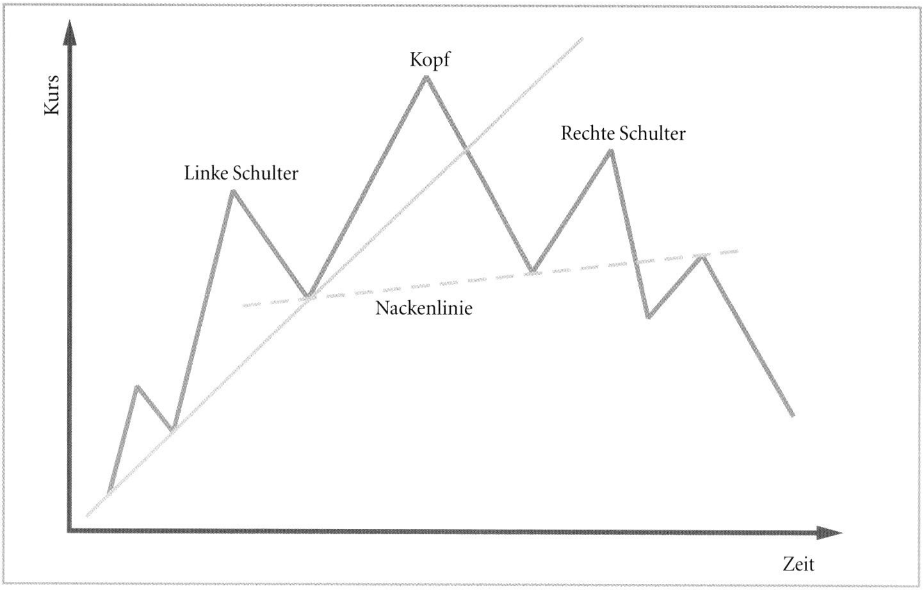

Die Schulter-Kopf-Schulter-Formation signalisiert eine Trendumkehr.

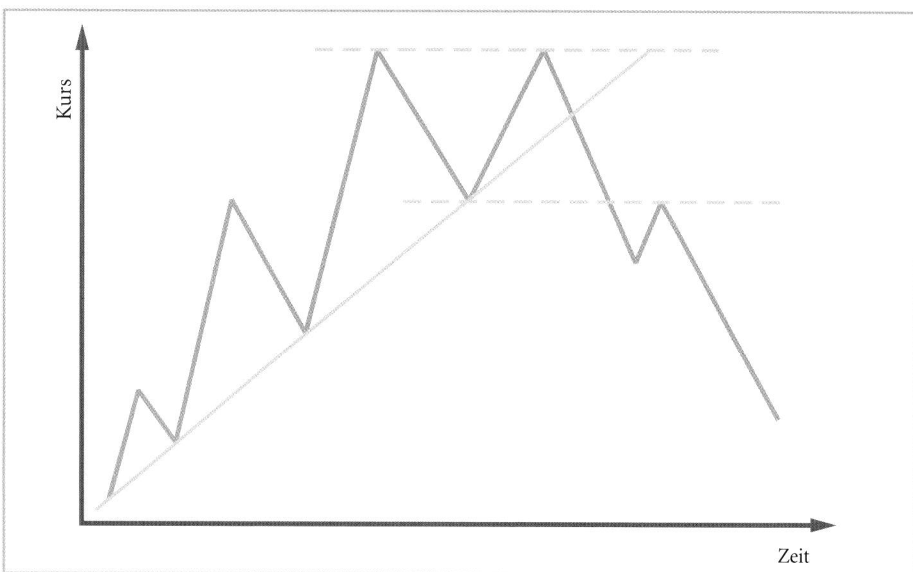

Die M-Formation mahnt zur Vorsicht.

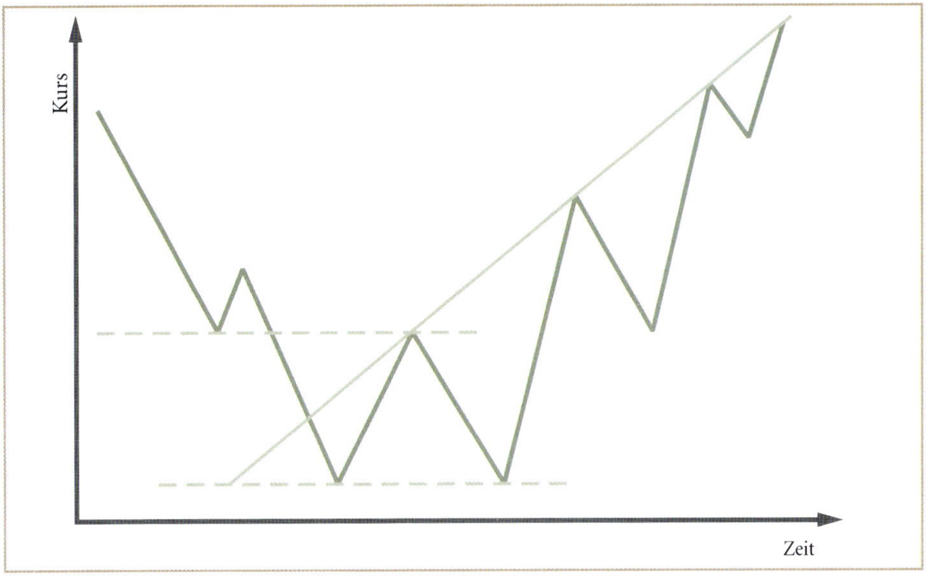

Die W-Formation bietet Anlass zur Hoffnung. Das Schlimmste scheint überwunden.

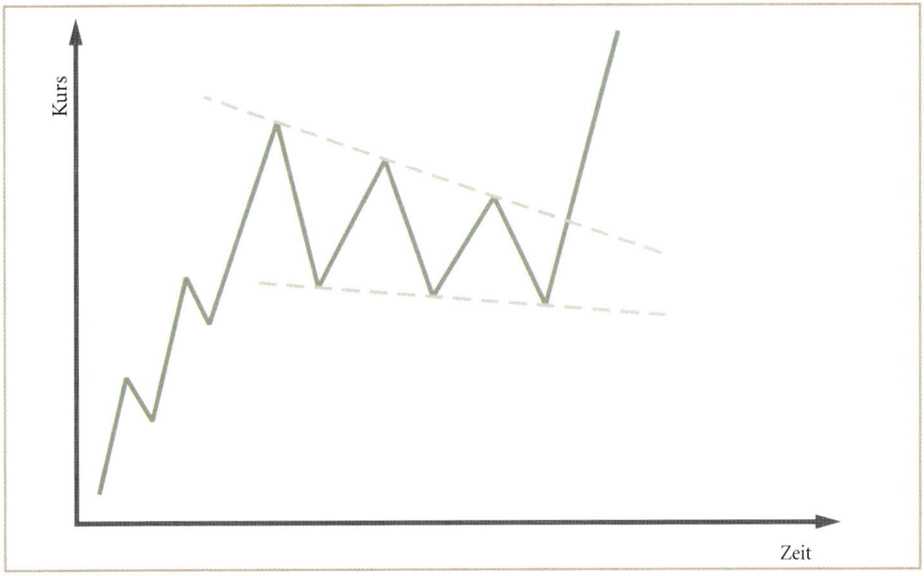

Der Keil spricht für eine Trendfestigung.

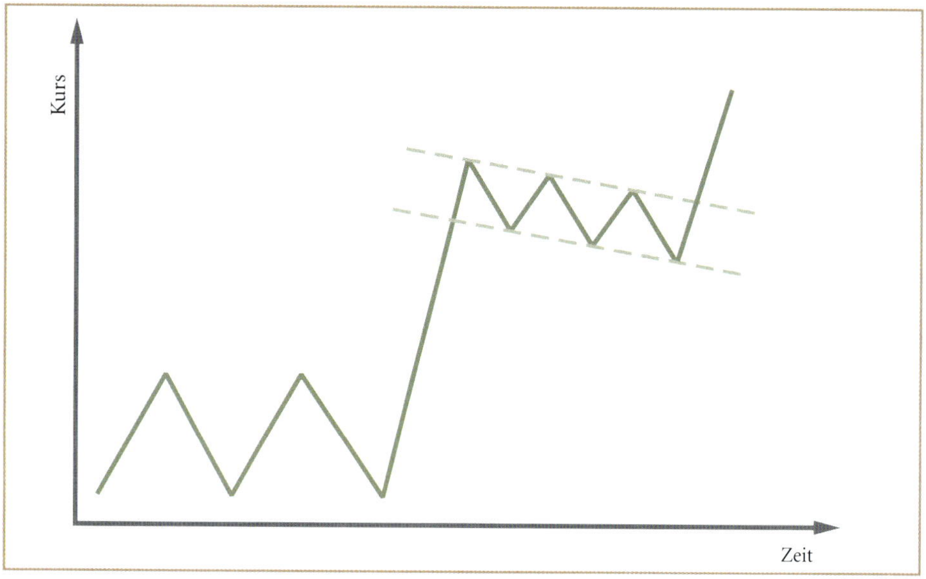

Bei der Flagge verlaufen die Begrenzungslinien parallel zueinander.

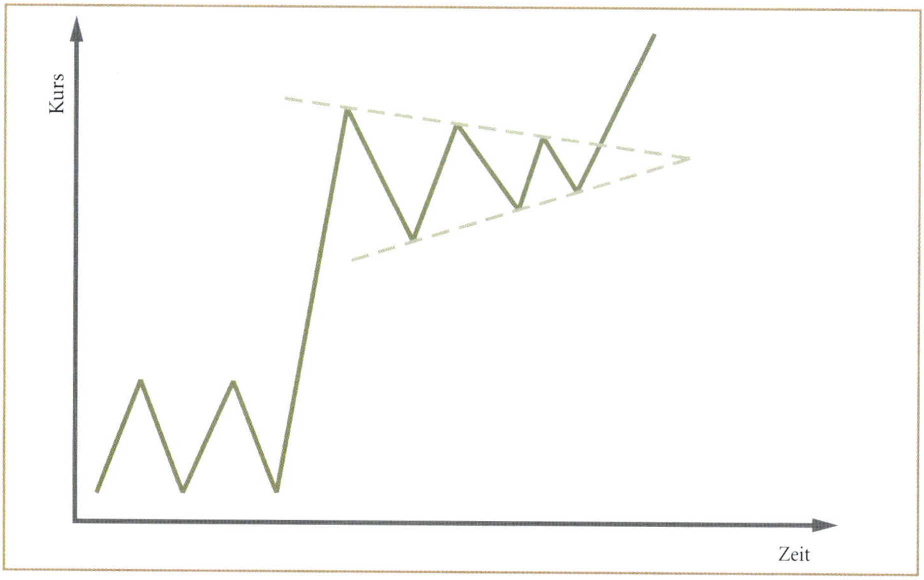

Auch der Wimpel deutet auf einen stabilen Trend hin.

interview

Informationen zum Thema Anlage gibt es heutzutage mehr als genug. Mein Medienfavorit ist das Internet – das geht schnell und macht Spaß.
Und meine Fondsgesellschaft kann ich dort auch »besuchen«. Aber natürlich lese ich daneben täglich den Wirtschaftsteil meiner Tageszeitung und die wichtigsten Wirtschaftsmagazine. Und auch im Fernsehen beschäftigen sich immer mehr Sendungen mit dem Börsengeschehen, sodass ich bestens informiert bin.

MEDIEN ALS INFORMATIONSQUELLE

Der Wirtschaftsteil der Zeitungen fristete früher eher ein Schattendasein. Interessant war er nur für eine Hand voll Spezialisten, dafür sorgten schon Schreibstil und Themenauswahl. Spätestens seit dem Börsenboom in den 90er Jahren hat sich dies dramatisch geändert. Die Zeitungen entdeckten den Privatanleger als Leser und richteten ihr Angebot auf ihn aus. Seitdem steht Investoren eine breite Palette an Tageszeitungen zur Verfügung, die den Informationsbedarf der Börseninteressierten immer besser abdecken.
Für welches Blatt man sich entscheidet, hängt von zwei Faktoren ab: Zeit und Geld. Je spezialisierter die Interessen, desto mehr Geld muss man am Kiosk oder für das Abonnement abliefern.
Andererseits braucht es seine Zeit, bis man sich durch ein hoch spezialisiertes Medium durchgearbeitet hat.

Den Kursteil lesen

Wenn Börsenprofis ihre Zeitung aus dem Kasten geholt haben, gilt ihr Interesse nicht dem 23. Teil des Fortsetzungsromans, sondern vielmehr dem Börsenteil und den Wirtschaftsnachrichten. Auch für Sie als Einsteiger ist die tägliche Lektüre des Börsenteils Ihrer Zeitung absolute Pflicht. Dort erhalten Sie alle grundlegenden Informationen wie aktuelle Börsenkurse, Trends und Prognosen. Auch wenn das Zahlenwerk auf den ersten

typische kurstabelle im börsenteil der zeitung

1. Aktie	Adidas-Salomon	Biodata	Dresdner Bank	Holsten Brauerei	Infineon
2. Land	D	D	D	D	D
3. WKN	500340	542270	535000	608100	623100
4. Kurs	62,40	322,00	52,00	20,40 G	74,20
5. Veränderung seit Vorwoche	+ 8,05%	–5,29%	–0,19%	–0,97%	–2,88%
6. 1 Jahr – *Hoch*	90,00	398,00	56,90	25,20	92,30
Tief	49,55	45,00	40,50	15,50	35,00
7. Dividende	0,92	0,00	0,95	0,45	0,00
8. Dividenden-Rendite	1,5%	–	1,9%	2,2%	–
9. KGV	14,2	402,5	21,7	29,1	30,9
10. Volatilität	90,00	57,74	36,26	27,73	54,36

1. Aktie: Das Unternehmen bzw. der Name der Aktie
2. Land: Kürzel des Landes, in dem das Unternehmen seine Zentrale hat
3. WKN: Wertpapierkennnummer (siehe Abschnitt »Eindeutig identifizierbar – Wertpapierkennnummer«, S. 104)
4. Kurs: Aktueller Schlußkurs des Vortages
5. Veränderung: Kursentwicklung sowie der Zeitraum, auf den sich diese Entwicklung bezieht
6. Hoch/Tief: Der höchste und der niedrigste Kursstand, den die Aktie innerhalb eines Jahres hatte
7. Dividende: Höhe der letzten Dividende
8. Dividendenrendite = Dividende / aktueller Kurs
9. KGV: Kurs-Gewinn-Verhältnis (→ Kapitel »Fundamentalanalyse«, S. 52)
10. Volatilität: bezeichnet die Kursschwankungen einer Aktie im Vergleich zu anderen

Blick ziemlich verwirrend erscheinen mag, so ist das System doch ziemlich einfach, wenn man es erst einmal durchschaut hat. Eine typische Kurstabelle ist folgendermaßen aufgebaut (→ linker Kasten).

Neben diesen Informationen finden Sie häufig auch noch andere Kürzel. Sie geben zusätzliche Informationen, zum Beispiel wenn kein Kurs festgetellt werden konnte. Die folgende Übersicht enthält die wichtigsten.

übersicht

Kurshinweise

G: Geld – zu diesem Preis herrschte zwar Nachfrage, es lagen aber keine Angebote vor.

B: Brief – zu diesem Preis lagen Angebote vor, es gab aber keine Nachfrage.

b oder Kurs ohne Zusatz: bezahlt – Angebot und Nachfrage waren ausgeglichen.

– : gestrichen – es konnte kein Kurs festgestellt werden.

bB: bezahlt Brief – alle Kaufaufträge wurden ausgeführt, es lagen allerdings noch weitere Verkaufsangebote vor.

bG: bezahlt Geld – alle Verkäufe wurden ausgeführt, es lagen aber noch weitere Kaufangebote vor.

Div: Dividende, die zuletzt ausgeschüttet wurde.

exB, exBr: ohne Bezugsrecht – erste Notiz nach Abschlag eines Bezugsrechts.

exBa: ohne Berichtigungsaktien – erste Notiz nach Abschlag des Anspruchs auf Berichtigungs- oder Zusatzaktien.

exD, ex Div: ohne Dividende – die erste Notiz erfolgte nach Abschlag der Dividende.

exA: ohne Ausschüttung – erste Notiz unter Abschlag einer Ausschüttung.

exSP: ohne Splittung – erste Notiz nach Umstellung des Kurses auf die geteilten Aktien.

exAZ: ohne Ausgleichszahlung – erste Notiz unter Abschlag einer Ausgleichszahlung.

T: Taxkurs – geschätzter Preis, da kein Preis festgestellt werden konnte.

ausg.: ausgesetzt – die Kursnotierung ist ausgesetzt, ein Ausruf ist nicht gestattet.

Wirtschaft und mehr

Deutsche Tages- und Wochenzeitungen

Neben den regionalen und überregionalen Zeitungen existieren in Deutschland zwei reine Wirtschaftszeitungen: das altehrwürdige *Handelsblatt* und der Newcomer der späten 90er Jahre, die *Financial Times Deutschland*. Dank des Konkurrenten hat das *Handelsblatt* viel von seiner alten Behäbigkeit abgelegt und sich zu einer manchmal sogar frischen Zeitung entwickelt. Sowohl in Format wie auch Umfang hängt das *Handelsblatt* den lachsfarbenen Rivalen *Financial Times Deutschland* deutlich ab. Dafür hat es sich die *Financial Times Deutschland* zur Missionsaufgabe gemacht, der lesenden Führungskraft nur das Wichtigste zu präsentieren. Das gelingt manchmal gut, manchmal weniger gut: Weil man sehr auf Exklusivität setzt, entpuppt sich im Tagesgeschäft zwangsläufig mancher »Scoop« als Windei. Wem die überregionale Tageszeitung als Info-Medium nicht ausreicht, ist jedoch mit beiden Blättern grundsätzlich gut bedient.

Die teuerste Tageszeitung Deutschlands dürfte mit einem Einzelpreis von 7,30 DM die *Börsen-Zeitung* sein. Dafür erhält der Leser statt billigem Zeitungs- echtes Hochglanzpapier. Die *Börsen-Zeitung* verdient eher das Etikett »Finanzzeitung« als »Wirtschaftszeitung«. Sie zielt noch stärker als das *Handelsblatt* und die *Financial Times Deutschland* auf Fachleute ab, und zwar in erster Linie auf die der Banken. So ist die *Börsen-Zeitung* ohne Konkurrenz, was die Ausführlichkeit der Berichterstattung zu Finanzthemen anbelangt.

Leser, die eine breite und solide Berichterstattung zu Wirtschaftsthemen wünschen, die aber auch wissen wollen, was sich in Politik, Kultur und Sport tut, greifen am besten zu einer der großen überregionalen Tageszeitungen. Die *Frankfurter Allgemeine Zeitung* hat sich den Nimbus eines »Muss«-Blattes der Wirtschaft erarbeitet. Ihr Wirtschaftsteil ist der umfangreichste der überregionalen Blätter, wenn auch nicht der spannendste. Die *Süddeutsche Zeitung* hat in der letzten Zeit kräftig nachgezogen, was Wirtschaftsthemen und Umfang anbelangt, ohne die Frankfurter Vorgaben erreichen zu können oder zu wollen. Das Münchner Blatt gibt sich stärker anlegerorientiert als der Konkurrent vom Main. Die in Berlin erscheinende *Welt* fällt vor allem durch ein frisches und ansprechendes Layout auf.

Ausländische Zeitungen

Wer den – vielleicht unbeeinflussteren – Blick von außen auf Deutschland schätzt, sollte zu einer ausländischen Zeitung greifen. Aus Wirtschaftssicht sind das *Wall Street Journal* und die *Financial Times* die unbestrittenen Marktführer. Beide Blätter setzen ihre Schwerpunkte oft anders als die deutschen, sie beleuchten die weltweiten ökonomischen Abhängigkeiten stärker. Ihren Lesern bieten sie hier sehr oft einen wirklichen Informationsvorsprung im Vergleich zu den einheimischen Blättern. Internationale Kost in deutscher Sprache bietet die Schweizer *Finanz und Wirtschaft*. Das zweimal pro Woche erscheinende Blatt aus Zürich wartet mit detaillierten Aktieneinschätzungen auf.

Die mit den Tipps – Anlegermagazine

Die Sparte der Anlegermagazine erlebte mit dem Börsenboom einen Aufschwung, der beinahe den des Aktienmarktes in den Schatten stellt. Vor wenigen Jahren hatte ein Titel wie *Börse online* am Kiosk kaum ähnlich gestrickte Nachbarn. Inzwischen mussten die Zeitungsläden angesichts der zahlreichen Neuerscheinungen oft eigene Ecken für Börsenzeitschriften einrichten.

Börse online gehört nach wie vor zu den empfehlenswerten Zeitschriften. Die Leser werden mit konkreten Tipps versorgt, was man mit der jeweils vorgestellten Aktie am besten anstellt. Klassiker sind daneben der *Effecten-Spiegel* und *Finanzen*. Einen starken Ratgeberansatz verfolgen auch die Neugründungen aus der jüngsten Zeit: *Die Telebörse* (Ableger der bekannten Fernsehsendung), *Focus Money* (Ableger des Magazins *Focus*) und *Aktienresearch*. Ob die zahlreichen neuen und alten Anlegerzeitschriften tatsächlich langfristig überleben können, wird unter den Fachleuten heftig diskutiert. In jedem Fall hängt ihre Auflage, wie sich gezeigt hat, sehr stark von der jeweiligen Börsenkonjunktur ab.

Den reinrassigen Anlegerzeitschriften stehen allgemeiner gehaltene Wirtschaftsmagazine gegenüber. Einige sind stark finanz- und anlageorientiert, wie die als Sonntagszeitung erscheinende *Euro am Sonntag*, einige berücksichtigen vermehrt auch Themen aus den Bereichen Volkswirtschaft und Management (*Wirtschaftswoche*, *DM*, *Capital*, *Manager-Magazin*).

Zeitung, Internet oder Börsen-Hotline – die Möglichkeiten, sich zu informieren, sind vielfältig.

Schnell und nah dran

Internet

Das Internet hat den Informationsvorsprung der Profis gegenüber den privaten Anlegern enorm verkürzt. Chartanalysen oder der rasche Blick ins Wertpapierdepot waren Anfang der 90er Jahre noch reines Wunschdenken. Mit der Entwicklung des World Wide Web zu einem Massenmedium sind die Aktienbesitzer nun rund um die Uhr in der Lage, sich nach dem Wohlbefinden ihrer Papiere zu erkundigen. Dafür muss man sich in der verwirrenden Vielfalt der Angebote zurechtfinden. Interessenten sind gut beraten, einmal die Webseiten »abzusurfen« und sich die wichtigsten Adressen als elektronische Lesezeichen zu speichern. Denn erst recht im Internet gilt das Sprichwort »Zeit ist Geld« und so manche Dividende ging schon durch Herumtrödeln im Netz der Netze wieder verloren.

Für Einsteiger empfehlen sich die großen Finanzübersichtsseiten zur ersten Orientierung. Zu den unabhängigen Anbietern zählen die Macher von www.onvista.de und die auf den Meinungsaustausch über so genannte Brokerboards bedachte Anlaufadresse http://www.wallstreet-online.de.
Weit vorne in der Anlegergunst liegen auch die Internetseiten der Direktbanken. Dazu zählen http://www.comdirect.de, http://www.consors.de, http://www.diraba.de und http://www.advance.de. Hier kann man sich Musterdepots anlegen, seine Risikoneigung ergründen oder einfach nur Kurse abfragen.
Apropos Kurse: Zu den verlässlichsten Datenlieferanten gehört die Deutsche Börse. Ihre Seiten www.deutscheboerse.com und www.neuermarkt.com sind Drehscheiben zu allen Marktsegmenten und Indexbereichen, also zu Dax, MDax und dem Neuen Markt wie auch zur Terminbörse Eurex.
Wer sehen will, wie sich seine Fonds geschlagen haben, der ist bei http://www.funds-sp.de oder auch bei http://www.vwd.de gut aufgehoben. Die großen Fondsgesellschaften bieten auch selbst reichlich Informationen zur Wertentwicklung, zur Zusammensetzung der Fonds, zu den Rücknahmepreisen und teilweise sogar zu den Fondsmanagern. Permanent gepflegte Seiten sind etwa unter http://www.activest.de, http://www.adig.de, http://www.deka.de, http://www.dit.de, http://www.dws.de, http://www.invesco.de und http://www.union-investment.de zu finden. Wer einen PC besitzt, der nicht zu betagt ist, kann sich hier unter anderem die Fondsprospekte herunterladen. Ferner setzen sich Angebote zum Fondstausch oder Direkterwerb immer mehr durch.
Lohnend kann auch ein Abstecher zu spezialisierten Netzadressen sein, gerade wenn sich bestimmte Vorlieben herausgebildet haben. Für die Anhänger der technischen Analyse ist das Angebot von http://www.technical-investor.de eine Offenbarung. Wer gute Erfahrungen mit Aktienzertifikaten gemacht hat, wird sich bei http://www.zertifikateweb.de wohl fühlen.
Der eingeengte Blick auf die Kurse mag anfangs aufregend sein, mit zunehmender Erfahrung treten aber auch Analysen oder Hintergrundberichte zur Börse in den Vordergrund. Fast alle Wirtschafts- und Finanzzeitungen, Anlegermagazine sowie die überregionalen Tageszeitungen leisten sich eigene Online-Redaktionen. Zwar greifen die virtuellen Blattmacher tagsüber meist nur auf das Material der Nachrichtenagenturen zurück, abends finden sich oft aber schon eigene Meldungen vom nächsten Tag. Und die Branchenführer haben eine ausreichende Personaldecke, um selbst Neuigkeiten zu recherchieren, die in der gedruckten Zeitung fehlen.
Zu den ersten Adressen gehören hier http://www.handelsblatt.com , http://www.ftd.de (*Financial Times Deutschland*), http://www.sueddeutsche.de (*Süddeutsche Zeitung*) und http://www.faz.net (*Frankfurter Allgemeine Zeitung*). Bei den Magazinen halten http://www.wiwo.de (*Wirtschaftswoche*), http://www.boerse-online.de, http://www.dm-online.de, http://www.focus-money.de und http://www.finanztest.de ihre Tipps und Tricks bereit. Wer die Seiten nicht dauernd abgrasen will, kann sich über die so genannten Newsletter per E-Mail auf dem Laufenden halten lassen.

A R D

Videotext

Seiten	Inhalt
700	Wirtschaft Übersicht
701	Indikatoren auf einen Blick
702-715	Wirtschafts-nachrichten
716	Gewinner und Verlierer (Dax/Nemax)
717	Börsenkommentar der Woche
718	Ad-hoc-Service
725	Devisen und Edelmetalle
730	Aktuelle Börsenkurse
760	Investmentfonds/ Sonstige Fonds
780	Optionsschein-Kurse
888/ 889	Börsenticker
890	Newsticker
899	vwd-Know Now

Fernsehen

Die Berichterstattung über Wirtschaftsthemen und Börse im Fernsehen und im Radio hat sich in den vergangenen Jahren enorm ausgeweitet. War noch vor einigen Jahren die Senkung der Leitzinsen durch die Deutsche Bundesbank in den Abendnachrichten höchstens eine kleine Meldung wert, beschäftigen sich heute immer mehr Sendungen auch mit dem tagesaktuellen Blick auf Wirtschaft und Börse.

Nicht nur im Mittagsmagazin von ARD und ZDF werden Börsenthemen aufgegriffen. Wer tagsüber keine Zeit zum Fernsehen hat, der wird abends kurz vor der Tagesschau um 20.00 Uhr oder im heute-journal um 21.45 Uhr mit kompakten Zusammenfassungen auf dem Laufenden gehalten. Am Freitagabend lockt die 3satBörse den interessierten Anleger vor den Bildschirm. Mit n-tv ist gar ein eigener Nachrichtenkanal entstanden, der einen Schwerpunkt auf börsenrelevante Informationen legt. Der Sender bietet unter anderem am unteren Bildschirmrand ein Laufband mit

Z D F

Videotext

Seiten	Inhalt
700	Wirtschaft Übersicht
600	Börsenkurse, Aktien
601	Indizes
625	Neuer Markt
640	Auslandsaktien
666	Börsenticker
670	US-Aktien
671	Dow Jones
685	Neuemissionen
695	Devisen, Gold
700	Optionsscheine
760	Fonds

n-tv

Videotext

Seiten	Inhalt
200	Überblick Börse Deutschland
201	Inhalt auf einen Blick
202-209	Indizes
211	Tops und Flops des Tages
210	Deutscher Aktienmarkt – detailliert
212-269	Parketthandel
270-279	Xetra-Handel
280-289	Neuemissionen
290-299	Branchen
300	Auslandsbörsen
360-367	Börsen-Laufbänder
390-393	Devisen
400	Übersicht Wirtschaft und Börse
ab 401	Nachrichtenübersicht
ab 406	Meldungen
440	Hintergründe
454	Empfehlungen von Analysten
455/456	Wichtige Termine
457	Termine Neuer Markt
458	Aktiensplits
460	Ad-hoc-Meldungen
200/300	Aktienkurse, Indizes, Devisen
304-307	Marktberichte
700	Überblick Optionsscheinhandel

Echtzeit-Kursen. Von Montag bis Freitag gibt es mehrmals täglich Direktschaltungen zur Frankfurter und abends zur New Yorker Börse. Rund um Wirtschaft und Aktien geht es auch bei den Nachrichtenprogrammen von N 24 und Bloomberg TV. Wer sich als Anleger auf die amerikanischen Märkte konzentrieren will und des Englischen mächtig ist, wird bei den Sendern CNN und CNBC rund um die Uhr auf den letzten Stand der Dinge gebracht.

Videotext

Ein weiteres Angebot der Fernsehsender ist der Tele- oder Videotext, der die Abfrage aktueller Börsenkurse und Hintergrundberichte zu einem Kinderspiel macht und zudem den Vorteil hat, kostenlos zu sein. Als Beispiele sind hier die Angebote von ARD, ZDF und n-tv aufgeführt. Andere Sender bieten einen vergleichbaren Service an.

Radio

Schnell, aktuell und unkompliziert – das sind die Vorteile der Börsenberichterstattung im Rundfunk. Die Sender haben ihre Angebote erheblich ausgeweitet und auch musikdominierte Privatradios trauen sich kaum mehr, auf Aktien und Co. zu verzichten. Allerdings stellen die Öffentlich-Rechtlichen in Sachen Wirtschaft die erste Wahl dar. Regelmäßig von der Stimmung am Aktienmarkt berichtet etwa das Nachrichtenprogramm des Bayerischen Rundfunks, B5 aktuell. Wer außerhalb des Freistaates wohnt, kann auf den Deutschlandfunk zurückgreifen. Das bundesweite Programm verschafft seinen Hörern einen ausführlichen Überblick über alle wesentlichen Märkte.

Börsen-Hotlines

Wer sich telefonisch über das Börsengeschehen informieren will, findet bei der Deutschen Telekom schon seit langer Zeit unter der Nummer 01168 eine Anlaufstelle. Dort kann man den ganzen Tag über Börsenkurse abrufen, die immer wieder aktualisiert werden. Für 88 Pfennig pro Minute bietet die Telekom unter 0190 05 55 55 weitere Informationen zur Börse.
In den vergangenen Jahren hat sich eine Vielzahl kommerzieller Anbieter mit teils informativen, teils dubiosen Auftritten den lukrativen Markt der Börsen-Hotlines erschlossen. Nicht jeder Service ist sein Geld wert. Oft genug halten die selbst ernannten Börsengurus den Anrufer hin, indem sie ausgiebig auf ihre eigenen Hotline-Angebote verweisen und ihre früheren Empfehlungen bejubeln – frei nach dem Geschäftsprinzip, Zeit und damit Geld zu gewinnen. Der Gebührenzähler tickt unnachgiebig – zu Tarifen von bis zu 3,63 DM pro Minute –, ohne dass der Anrufer um einen »heißen Tipp« reicher geworden wäre.
Experten warnen, die Investoren würden oft in marktenge Aktien gejagt und trieben den Kurs nach oben. Wenn dann ein Rückschlag kommt, haben die Tipp-Geber längst verkauft, der Anleger zieht den Kürzeren. Gängige Praxis sei es auch, veraltete Informationen als brandneue Entwicklungen auszugeben oder eine Nachricht als exklusiv anzupreisen, die genauso gut kostenlos über das Internet oder das Fernsehen in Erfahrung zu bringen gewesen wäre. Der Investor muss sich also überlegen, ob er bereit ist, für vielleicht einen einzigen brauchbaren Aktientipp schon mal 20 DM an Telefongebühren zu bezahlen.

hotlines (0190)

Consors Realtimephone	36 13 62
Silverline Börsenkurse	36 14 00
Kursinfo der Landesbank Berlin	36 22 66
Handelsblatt Investor Line	58 05 80
ntv-Telebörse Kurshotline	77 66 58

Am seriösesten sind die Anbieter, die sich auf die Weitergabe von Kursen in Echtzeit beschränken. Aufschluss über die Gesprächskosten pro Minute gibt die Zahl, die auf die 0190 folgt:

die kosten

Tarifvariante	Kosten/Min
0190-4 0190-6	0,81 DM
0190-1 0190-2 0190-3 0190-5	1,21 DM
0190-7 0190-9	2,42 DM
0190-8	3,63 DM

Alles rund um Kauf und Verkauf

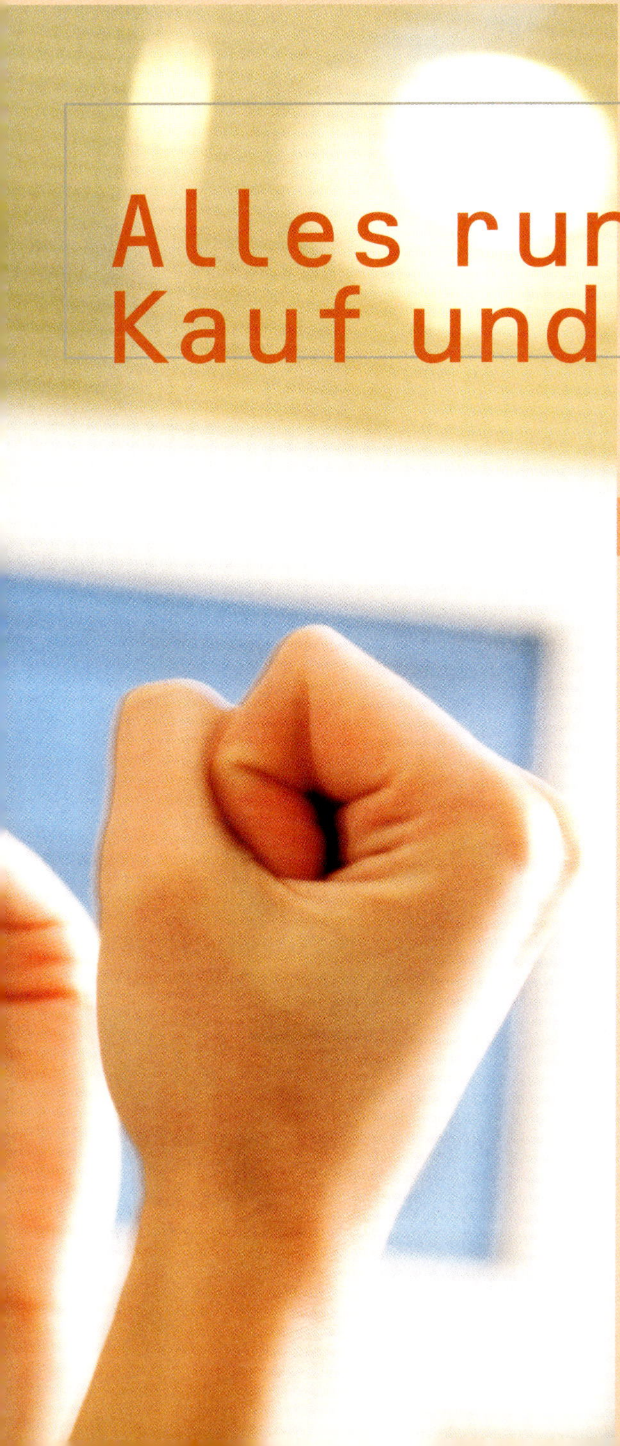

Der Handel an den Wertpapierbörsen erscheint vielen als Buch mit sieben Siegeln. Kein Wunder, sind doch im Fernsehen oft nur Aktienhändler zu sehen, die scheinbar wild durcheinanderlaufen und gestikulieren. Das Prinzip der Börsen ist jedoch relativ einfach, einfacher sogar als jeder Wochenmarkt.

interview

»Meine »übrigen« 50 000 Euro habe ich dem Berater meiner Bank überlassen, damit er sie sinnvoll anlegt. Er hat mich über die Depotgebühren und die Kosten für Wertpapiertransaktionen aufgeklärt – die sind zwar ziemlich happig, aber ich verstehe einfach zu wenig, um auf seinen Rat völlig zu verzichten. Daher kommt leider auch ein Discountbroker für mich nicht in Frage, obwohl der Trend auch hier zu immer mehr Beratung geht.«

WAS MACHT DIE BÖRSE UND WAS MACHT DIE BANK?

Im Gegensatz zum Wochenmarkt, wo der eine Apfel süß und der andere sauer schmeckt, handelt man an Börsen nur standardisierte identische Güter: Aktien und Anleihen. Anleger müssen sich also lediglich überlegen, wie viele Papiere sie kaufen wollen und zu welchem Preis. Qualitätsunterschiede bei ein und derselben Aktie gibt es nicht. Weiterer Unterschied zum Wochenmarkt: Privatleuten ist es nicht gestattet, an den Wertpapierbörsen direkt aktiv zu werden. Zugang haben grundsätzlich nur Makler und Händler. Das Geschäft kann dann folgendermaßen ablaufen: Der Kleinanleger gibt seinen Aktienauftrag bei der Bank ab. Ein bei der Bank angestellter Händler leitet ihn weiter an den Makler, der den Auftrag abwickelt und einen Kurs ermittelt. Der Handel ist über diverse gesetzliche Vorschriften geregelt (z.B. WpHG, AktG, BörsG): Sowohl die an der Börse Beschäftigten wie auch die Aktien selbst unterliegen strengen Zulassungsregeln.
Bis vor kurzem hatte noch jedes bedeutende Kreditinstitut am Rand des großen Handels-

saals im Frankfurter Börsengebäude ein Büro.
Mittlerweile haben sich viele Banken vom Parkett zurückgezogen, weil die Geschäfte mehr und mehr über das Computerhandelssystem Xetra abgewickelt werden. Auch bei Xetra bilden Händler das Verbindungsglied zwischen dem Kunden und der Auftragsausführung. Makler gibt es hier nicht mehr.

Wo die Order erteilen?

Am Anfang steht somit die Suche nach einer Bank, die die Aufträge bearbeitet und das Wertpapierdepot führt. Ein Depot ist deshalb unverzichtbar, weil heute Aktien von den Anlegern kaum mehr selbst zu Hause verwahrt werden. Falls ein Investor doch diese Form bevorzugt und sich die Anteilsscheine gegen Bares übergeben lässt, hat das immer den Geruch des Illegalen. Diese so genannten Tafelgeschäfte sind aufgrund ihrer Anonymität eine hervorragende Basis für Steuerhinterziehungen und die Anlage von Schwarzgeld. Zu Hause in Papierform gelagerte Aktien unterliegen aber denselben Gefahren wie Bargeld. Im Fall von Diebstahl oder Brand ist das Vermögen dahin. Lässt man die Aktien in einem Depot verwalten, so werden Gebühren fällig, ähnlich wie beim Girokonto.
Wen nun mit dem Aktienhandel beauftragen und wo das Depot einrichten? Und welche Kosten fallen an? Die Antworten auf diese Fragen hängen von den persönlichen Ansprüchen des Investors ab, von seinem Wissensstand und seinen Anlagezielen.

Finanzreport Nr. 4 per 04.05.2001
Kontonummer - Seite 2

comdirect bank

Tagesgeldkonto (DEM)

Umsätze	Buchungstag	Valuta	EUR Soll / Haben	DEM Soll / Haben
Alter Saldo			+22.994,91	+44.974,14
Depotgebühren Depotverwaltungsprovision 1. Quartal 2001 w/ incl. 16,00 % USt DEM 0,92 Euro 3,42. AW = DM	18.04.2001	30.03.2001	-3,42	-6,69
Depotgebühren Depotverwaltungsprovision 1. Quartal 2001 w/ incl. 16,00 % USt DEM 0,80 Euro 2,97. AW = DM	03.05.2001	30.03.2001	-2,97	-5,80
Depotgebühren Storno Depotverwaltungsprov. 1. Quartal 2001 Wir bitten unser Versehen zu entschuldigen. Euro 3,42. AW = DM	03.05.2001	30.03.2001	+3,42	+6,69
Abschluss RECHNUNGSABSCHLUSS FUER DIE ZEIT 30.03.01 - 30.04.01 SALDO VOR ABSCHL. 44.967,45H 3,000%*HABENZINSEN 112,42H SALDO NACH ABSCHL 45.079,87H Euro 57,48. AW = DM	04.05.2001	30.04.2001	+57,48	+112,42
Neuer Saldo			+23.049,43	+45.080,76

Direct Brokerage (DEM)

Depotbestand

Bezeichnung	Anzahl/Nominal	letzter Kurs	Währung	Kurswert	Kaufwert	Gewinn/Verlust
555063 DRAEGERWERK VORZ.A.O.N.	100,00	9,95	EUR	1.946,05	2.740,00	-793,95
620840 KAP-BETEILIGUNGS-AG O.N.	100,00	16,53	EUR	3.232,99	6.160,86	-2.927,88
700710 REFUGIUM HOLD.AG O.N.SVG	150,00	1,80	EUR	528,07	4.649,99	-4.121,91
Gesamtbestand in DEM				5.707,11	13.550,85	-7.843,74
Gesamtbestand in EUR				2.918,00	6.928,44	-4.010,44

Aufgelaufene Zinsabschlagsteuer[1] (DEM)

Übersicht	
Eingereichter Freistellungsauftrag (b.a.w. nur in DEM möglich)	1.550,00
Gebuchte Zinsen/Erträge	483,63
Verbleibender Freibetrag	1.066,37
Abgeführte Zinsabschlagsteuer	0,00
Abgeführter Solidaritätszuschlag	0,00
Abgeführte Kapitalertragsteuer	0,00

[1] Dies ist keine Steuerbescheinigung. Bitte beachten Sie, daß ein ggf. von Ihnen eingereichter Freistellungsauftrag erst nach der ersten kapitalertragsteuerpflichtigen Buchung für Sie im Finanzreport ersichtlich wird.

Telefon: 01803 - 33 63 66, Fax: 01803 - 33 63 60, E-Mail: Info@comdirect.de

Ähnlich wie bei Ihrem Girokonto gibt es auch für Ihr Depot einen Auszug, der Sie über Bestand und Veränderungen informiert.

Provisionen und Courtagen: welche Kosten bei Handel und Depot anfallen

Die Abwicklung der Wertpapiertransaktionen kostet Geld – wie viel, das können Anleger in einem gewissen Rahmen selbst beeinflussen. Wer aktiv handelt und oft das Depot umschichtet, sollte auf niedrige Transaktionskosten achten. Wer selten umschichtet, sollte mehr Wert auf geringe Depotgebühren legen. Für jeden Kauf oder Verkauf einer Aktie verlangen Banken und Sparkassen im Normalfall 1 Prozent des Kurswertes als Provision. Dazu kommen meist einige Euro Spesen. Schließlich erhält noch der Makler an der Börse eine Courtage von 0,04 Prozent des Kurswertes bei Dax-Werten und 0,08 Prozent beziehungsweise mindestens 0,75 Euro bei anderen Titeln. Bei diesen Preisen gibt es zwischen den Banken kaum Unterschiede. Allerdings schwanken die Mindestgebühren je Wertpapierauftrag. Diese fixen Gebühren sind gerade bei kleinen Orders zu beachten, können sie doch die Gebührenquote leicht auf mehrere Prozent hochschrauben.

Uneinheitlich ist auch die Preisgestaltung bei den Depotgebühren. Wie das Anlegermagazin *DM* in einem Kostenvergleich (Stand: März 2001) ermittelt hat, sind bei den Direktbanken Consors und 1822direkt mindestens jeweils 14,83 Euro pro Jahr zu zahlen, easytrade (Postbank) verlangt 9,95 Euro. Citibank, Direkt Anlage Bank (DAB) und Entrium verzichten auf Depotgebühren. Jährlich 40 Euro muss der Investor für sein Depot bei Brokerage 24 hinlegen.

Die Institute erheben die Depotgebühren für die Verwahrung und Verwaltung der Wertpapiere. Um Termine und Formalitäten wie die Fälligkeit der Dividendenzahlung und die Anmeldung zur Hauptversammlung muss sich der Anleger dann nicht mehr selbst kümmern. Das Aktionärsstimmrecht kann er an das Institut abtreten. Anlegerschützer raten jedoch dazu, es besser selbst auszuüben oder an Vereine wie die Schutzgemeinschaft der Kleinaktionäre (SdK) oder die Deutsche Schutzvereini-

übersicht

Banken und ihre Direkt-Töchter

✔ Dresdner Bank	Advance Bank
✔ Commerzbank	comdirect
✔ HypoVereinsbank	DAB

gung für Wertpapierbesitz (DSW) zu übergeben. Dahinter steht die Überlegung, dass die Interessen der Banken und die der Kleinaktionäre keineswegs immer übereinstimmen.

Schnell, billig, kaum Beratung – Online-Broker und Direktbanken

Direktbanken, oft auch als Online-Banken beziehungsweise Discountbroker bezeichnet, sind meist Töchter großer Geschäftsbanken. Diese Finanzunternehmen sparen Kosten, indem sie auf ein Filialnetz verzichten und vor allem auf das Internet setzen. Im Vergleich zu den traditionellen Banken sind daher niedrigere Gebühren möglich und üblich.

Der Verzicht auf ein Filialnetz und die Geschäftsabwicklung über das Internet haben den Nachteil, dass Discountbroker keine individuelle Anlageberatung bieten. Wer generell seine Entscheidungen lieber alleine trifft und sich nach einigen Trockenübungen, etwa anhand von Börsenspielen oder eines virtuellen Depots, erfahren und sicher genug fühlt, auf die Ratschläge eines Bankberaters verzichten zu können, der sollte seine Aktiengeschäfte über eine Direktbank via Internet abwickeln. Ganz auf Börseninformationen braucht der Anleger auch hier nicht zu verzichten, denn die Direktanbieter konkurrieren auf ihren Webseiten auch über breite Informationsangebote, durch die sie Kunden an sich zu binden versuchen.

Insgesamt zeichnet sich auch bei den Direktbanken eine Tendenz zu mehr Kundenberatung ab. So haben einige Anbieter in großen

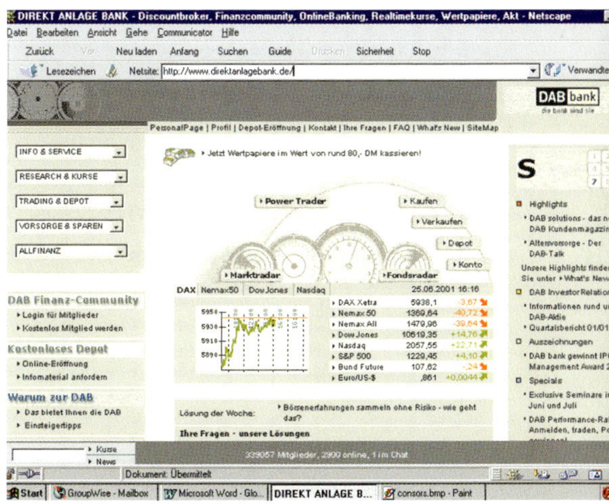

Homepages von CONSORS (oben) und DAB (unten).

Städten bereits damit begonnen, Filial-Anlaufstellen einzurichten, in denen Kunden vor Ort ihre Anliegen und Wünsche vorbringen können.

Neben den geringeren Gebühren haben die Discountbroker den Vorteil, dass sie per Telefon, Fax und Internet ganztägig erreichbar sind. Problematisch kann es mit der Erreichbarkeit an turbulenten Börsentagen werden, wenn Kommunikationssysteme und Kapazitäten überlastet sind. Zwar treten solche Schwierigkeiten eher selten auf, auszuschließen sind sie aber nicht. Dann heißt es für den Anleger: Geduld haben und immer wieder probieren. Auch unter den Direktanbietern, die in harter Konkurrenz zueinander stehen, lohnt sich ein Gebührenvergleich. Wie das unabhängige Testportal diskountbroker.de in einem Beispiel vorrechnet, ergaben sich für den Kauf von 100 DaimlerChrysler-Aktien folgende Preise (→ Übersicht).
Bei dieser Aufstellung ist zu beachten, dass sie lediglich einen ersten Anhaltspunkt bietet. Tatsächlich können die Preise je nach tatsächlicher Auftragsgröße erheblich schwanken. Angesichts sehr unterschiedlicher Gebührenmodelle kann damit ein billiger Anbieter leicht zu einem teuren mutieren oder umgekehrt.
Hat man sich für eine bestimmte Direktbank entschieden, muss von dort zunächst ein Paket zur Depoteröffnung angefordert werden. Mit den ausgefüllten Formularen und einem gültigen Ausweis geht der Anleger dann zu einem Postamt und belegt dort seine Identität. Dieser Vorgang wird »Post-Ident«-Methode genannt. Der Postmitarbeiter schickt den Nachweis und die Formulare an die Direktbank zurück.
Nach etwa zwei bis drei Wochen kommen wiederum per Post die Bestätigung der Depoteröffnung und die für Telefon- oder Internetaufträge nötigen PIN-Nummern.

übersicht

DaimlerChrysler (Xetra-Kurs vom 17.04.2001)

Kurs	51,86 Euro
Stückzahl	100
Gesamtwert	5.186,00 Euro

Discount-broker	Transaktions-preis (in Euro)
Fimatex	9,85
Entrium	10,37
Netbank	12,50
easytrade	12,95
eQ Online	13,70
Advance Bank	14,83
w:o trading	14,95
maxblue	14,99
1822direkt	15,34
pulsiv.com	15,56
DAB	16,25
SEBdirect	17,77
comdirect	18,00
Citibank	19,00
Consors	19,89
DiBa	22,26

* Quelle: www.diskountbrooker.de

Teuer und betreut – die Hausbank

Natürlich verlangen die Banken für ihre Dienstleistungen Provisionen – zum Beispiel für Kauf und Verkauf von Wertpapieren im Kundenauftrag, für Kontoführung, Kreditgewährung und Emissionen. Doch wer als Börsenneuling noch unsicher ist und für seine Anlageentscheidung die Bestätigung eines Fachberaters einholen möchte, der ist zur Eröffnung eines Wertpapierdepots bei seiner Hausbank gut aufgehoben. Dort kann er sich auch bei einfachen Fragen wie dem Lesen des Depotauszuges unkompliziert Rat holen. Auch für den langfristig orientierten Investor, der sein Depot jahrelang unangetastet lässt, lohnt sich ein Wechsel zu einer Direktbank nicht. In den größeren Bank-Zweigstellen steht normalerweise ein auf Aktien spezialisierter Berater zur Verfügung, der mit fundierten Anlageinformationen weiterhelfen kann. Diese Filialen sind durchgehend geöffnet, die Berater also zu Börsenzeiten grundsätzlich anwesend. An den deutschen Börsen sind die Handelszeiten in den 90er Jahren kräftig ausgeweitet worden. Noch vor drei Jahren waren drei Stunden Standard, inzwischen (Sommer 2001) sind es elf Stunden. Für die Zukunft schließen Experten einen 24-Stunden-Handel nicht aus.
Seit dem Jahr 2000 wird sogar an diesen Feiertagen gehandelt: an Christi Himmelfahrt, am Pfingstmontag, Fronleichnam und am Tag der Deutschen Einheit (ab 2001).
Trotzdem kann es vorkommen, dass der Berater gerade in Notfällen nicht zu erreichen ist. Der Anleger sollte sich außerdem nie völlig auf die Tipps der Bank verlassen. Gerade bei Kleinanlegern kommt eine umfangreiche Betreuung oft zu kurz, wie Tests von Finanzzeitschriften ergeben haben. Eigenes Mitdenken ist also auch bei der Hausbank unumgänglich.

Die Beratung durch die Hausbank – gerade für unerfahrene Anleger eine gute Sache. Jedoch sollte man sich nicht blind darauf verlassen.

börsenzeiten

✔	Bis 30.6.1998	10.30 Uhr bis 13.30 Uhr
✔	Ab 1.7.1998	08.30 Uhr bis 17.00 Uhr
✔	Ab 20.9.1998	09.00 Uhr bis 17.30 Uhr
✔	Ab 2.6.2000	09.00 Uhr bis 20.00 Uhr

interview

Die Möglichkeit, Limits zu setzen, finde ich gut. Denn ansonsten würden meine Kaufaufträge »billigst« und meine Verkaufsaufträge »bestens« ausgeführt – und das muss nicht immer das Optimale sein. Bevor die »richtigen« Börsen dichtmachen und es nur noch elektronische Handelsplattformen gibt, würde ich zu gern einmal wenigstens von der Galerie aus dem Börsengeschehen zusehen – und zuhören!

WELCHE ANGABEN GEHÖREN ZUM AUFTRAG?

Eindeutig identifizierbar – Wertpapierkennnummer

Jeder Aktie ist eine sechsstellige Wertpapierkennnummer zugeordnet, die ihre eindeutige Identifizierung ermöglicht. Damit es bei Kauf und Verkauf nicht zu Verwechslungen kommt, sollte die oft als WKN oder WPKN abgekürzte Zahl bei der Order immer mit angegeben werden. In Deutschland werden die einzelnen Wertpapiere in folgende Gruppen unterteilt (im Ausland sind andere Systeme gebräuchlich) (siehe Übersicht auf Seite 105).

»Billigst« kann teuer werden – Limits

Wer einen Handelsauftrag erteilt, kann so genannte Limits festsetzen. Bei Käufen ist das ein maximal zu bietender, im Fall von Verkäu-

fen ein minimal zu erzielender Preis. Im Bereich der Dax-Werte ist eine Limitierung nicht unbedingt notwendig. Bei schwankungsanfälligen Nebenwerten, etwa am Neuen Markt, empfiehlt sie sich auf jeden Fall, um die Kosten zu begrenzen: Liegt der Kurs über dem Limitpreis, wird der Auftrag nicht ausgeführt. Gleiches gilt für Verkaufslimits, wenn sich der Kurs darunter bewegt. Limitkurse können für einen Tag oder bis zum Ende des Kalendermonats gelten, in dem die Order erteilt wurde. Nach Ablauf muss das Limit erneuert werden. Die Banken berechnen in der Regel eine gesonderte Limitgebühr. Bei Consors etwa fallen für die Vormerkung 4,99 DM (2,55 Euro) an.
Wie man die Limits setzt, hängt von der eigenen momentanen Bewertung des jeweiligen Titels ab. Zu berücksichtigen sind die Volatilität, also die Schwankungsbreite des Titels, und seine Bewegungsrichtung. Ist etwa bei einer Aktie zuletzt eine Seitwärtsbewegung festzustellen, genügt es, ein Limit auf Vortagesschlussniveau zu setzen, um auf der sicheren Seite zu sein. Steigen die Kurse, setzt man das Limit knapp über dem letzten bekannten Kurs. Fallen die Kurse, kommt eine Order mit einem Limit knapp unterhalb des aktuellen Kurses meist sicher zur Ausführung.
Verzichtet der Investor auf die Setzung von Limits, wird sein Kaufauftrag »billigst« und sein Verkaufsauftrag »bestens« ausgeführt. Das ist jeweils bei weitem nicht so gut, wie es klingt. Denn die Adjektive deuten an, dass eine Aktie »um jeden Preis« zum nächsten festgestellten Kurs und möglichst ohne Zeitverzögerung gekauft oder verkauft werden soll. Bei Titeln mit geringen Handelsumsät-

übersicht

A: Schuldverschreibungen, geordnet nach Emittenten	
100 000 – 199 999	Bund, Länder, Gemeinden, Verbände
200 000 – 349 999	Emissionsinstitute
350 000 – 399 999	Industriebetriebe
400 000 – 499 999	ausl. Emittenten
B: Aktien, Kuxe (Anteile an einer bergrechtlichen Gewerkschaft), Anteilsscheine, Optionsscheine, geordnet nach Branchen	
500 000 – 789 999	Industriebetriebe
790 000 – 799 999	Kuxe
800 000 – 819 999	Banken
820 000 – 839 999	Verkehrsunternehmen
840 000 – 846 999	Versicherungen
C: Sonstige	
847 000 – 849 999	inländische Investmentzertifikate
850 000 – 879 999	Auslandsaktien
880 000 – 909 999	Bezugsrechte
910 000 – 939 999	junge Aktien
940 000 – 969 999	jüngste Aktien und Sonderfälle
970 000 – 979 999	ausländische Investmentzertifikate
980 000 – 999 999	Immobilienzertifikate

beispiel

Order mit Limit
Ein Anleger will Aktien der Deutschen Telekom *kaufen*. Zuletzt kostete das Papier 29,75 Euro. Er setzt ein Limit von 30 Euro, das auf dem Auftrag vermerkt wird und bedeutet: *Mehr will ich nicht bezahlen.* Steigt der Kurs auf 29,90 Euro, wird der Handel ausgeführt. Steigt der Kurs auf 30,10 Euro, wird der Handel nicht ausgeführt. Der Anleger kommt in diesem Fall erst dann zu seinen Aktien, wenn der Kurs wieder auf 30 Euro oder darunter fällt.

zen kann das gefährlich werden. Starke Ausschläge nach oben oder unten sind nicht ausgeschlossen, wenn ein nur geringes Angebot oder eine allzu kleine Nachfrage am Markt besteht.

Es muss nicht immer Frankfurt sein

Auftraggeber von Aktiengeschäften dürfen auch darüber bestimmen, wo die Order ausgeführt werden soll. Insgesamt gibt es in Deutschland – noch – acht Wertpapierbörsen. Die Börsen befinden sich vor allem auf der europäischen und internationalen Ebene in einer Phase der Konsolidierung. Mittelfristig sind weitere Zusammenschlüsse und eine kräftige Verringerung der Zahl der Handelsplätze absehbar. Letztlich, sagen Experten voraus, überlebt weltweit nur eine Hand voll großer Börsen. Dass sich in der Bundesrepublik bislang sieben Handelsplätze neben dem dominierenden in Frankfurt halten konnten, ist weniger ökonomisch als vielmehr landespolitisch bedingt. Allerdings haben sich einige der deutschen Regionalbörsen als Nischenanbieter inzwischen einen guten Namen erworben. So ist Stuttgart etwa für seinen Optionsscheinhandel bekannt, Berlin hat sich auf osteuropäische Werte spezialisiert.
Auch bei normalen Aktien kann es sich lohnen, nicht immer nur nach Frankfurt zu schielen. So manche Regionalbörse setzt auf den Privatanleger und versucht, ihn mit besserem Service zu locken. Dagegen konzentriert sich am Main das institutionelle Geschäft. Vor allem die elektronische Handelsplattform Xetra, ein Produkt der Frankfurter Deutsche Börse AG, gilt als Spielwiese der Profis. Erst seit kurzem versucht das Unternehmen, sein System auch Kleininvestoren näher zu bringen. Da die Software Nachfrager und Anbieter direkt zusammenbringt, sparen sich die Nutzer die Courtage von 0,04 bis 0,08 Prozent, die anfällt, wenn Makler bei der Kursermittlung im Spiel sind.
Doch im Vergleich zum maklergestützten Handel weist Xetra für Kleininvestoren einige Nachteile auf. So müssen bei Werten aus dem Dax und dem 70 mittelgroße Werte umfassenden MDax mindestens 100 Stück ge- oder verkauft werden, um das Geschäft im fortlaufenden Handel abwickeln zu können. Andere Orders müssen auf eine der drei täglichen Auktionen warten. Da kann sich der Kurs aber schon wieder kräftig verändert haben.

Frankfurt, der wichtigste deutsche Börsenplatz

Das letztlich entscheidende Kriterium bei der Auswahl des Börsenplatzes ist die Antwort auf die Frage: Wo werden die meisten Aktien des gewählten Titels gehandelt, wo also ist die Liquidität am größten?
Eine hohe Liquidität macht große Kurssprünge in kurzer Zeit, wie sie gerade in engen Märkten mit geringem Angebot und geringer Nachfrage leicht auftreten können, unwahrscheinlicher. Das kommt Käufern und Verkäufern gleichermaßen zugute.
Tendenziell gilt: Im Bereich der Dax-Unternehmen ist Xetra bei der Liquidität nicht zu schlagen. Schon bei den kleineren MDax-Titeln trifft das aber nicht mehr zu. Und bei sehr kleinen Nebenwerten erst recht nicht: Hier empfiehlt sich der Parkett- beziehungsweise maklergestützte Handel an einer der Regionalbörsen oder in Frankfurt.

übersicht

Die acht Börsenplätze Deutschlands

- ✔ Berlin
- ✔ Hamburg
- ✔ Bremen
- ✔ Hannover
- ✔ Düsseldorf
- ✔ München
- ✔ Frankfurt
- ✔ Stuttgart

interview

Ehrlich währt am längsten, und deshalb gebe ich meine Spekulationsgewinne ordnungsgemäß in meiner Steuererklärung an, auch wenn's manchmal schwer fällt. Aber das Risiko erwischt zu werden ist einfach zu groß, auch als Kleinanleger, und außerdem gibt's dieses Jahr leider nicht viel zu versteuern, da meine Verluste deutlich höher waren als meine Gewinne.

AKTIEN UND STEUERN

Bei Einkünften kennt das Finanzamt kein Pardon. Einkünfte müssen versteuert werden. Und dazu gehören nicht nur die normalen Löhne und Gehälter. Auch Dividenden oder kurzfristige Kursgewinne unterliegen der Steuerpflicht.

Steuern auf Dividenden und Spekulationsgewinne

Dividenden gelten als Einkünfte aus Kapitalvermögen, auf die grundsätzlich 25 Prozent Kapitalertragsteuer zu zahlen sind. Seit einigen Jahren wird diese Summe schon vor der Auszahlung durch die Bank einbehalten; weil das Geld damit »an der Quelle« abgeschöpft wird, heißt die Steuer auch Quellensteuer.

Jedes florierende Unternehmen hat aber bereits vor der Ausschüttung der Dividende Abgaben bezahlt, und zwar die so genannte Körperschaftsteuer auf den ausgeschütteten Gewinn. Damit würde der Aktionär als Anteilseigner des Unternehmens zweimal zur Kasse gebeten. Um dies zu verhindern, konnten Aktionäre bislang die Körperschaftsteuer der AG im Rahmen ihrer persönlichen Einkommensteuererklärung zurückerstattet

bekommen. Ab 2002 löst das Halbeinkünfteverfahren diese Methode ab. Dabei fällt die bisherige Körperschaftsteuergutschrift weg. Stattdessen werden Dividenden nur noch zur Hälfte der Einkommensteuer unterliegen. Im Vergleich zu Zinsen, die weiterhin voll besteuert werden, sind sie damit steuerlich besser gestellt.
Grundsätzlich unbehelligt von der Kapitalertragsteuer bleiben Anleger, die ihrer Bank einen Freistellungsauftrag erteilt haben und deren Einkünfte aus Zinsen und Dividenden die Summe von 3000 DM (1533,87 Euro) (Singles) beziehungsweise 6000 DM (3067,75 Euro) (Ehepaare) nicht überschreiten. Bei ihnen unterbleibt der Abzug der Quellensteuer. Mit der Einführung des Halbeinkünfteverfahrens erhöhen sich in der Praxis diese steuerfreien Beträge. Wer nur Dividenden erhält, kann dann als Alleinstehender 6000 DM (3067,75 Euro) steuerfrei einnehmen: Es unterliegt ja nur die Hälfte dieses Betrags der Steuer und genau bis zu dieser Summe reicht der Freibetrag. Andererseits muss man noch eventuelle Zinseinnahmen berücksichtigen, die im Gegensatz zu den AG-Gewinnausschüttungen voll auf die 3000 DM aufgerechnet werden.

Alle Jahre wieder: Für die Steuererklärung müssen Sie alles belegen können – von der Anschaffung Ihres Computers bis zu den Zinseinkünften.

Neben den Dividenden zapft der Staat auch kurzfristige Kursgewinne, so genannte Spekulationsgewinne, als Einnahmequelle an. Steuern werden hier fällig, wenn zwischen Kauf und Verkauf der Aktien ein Zeitraum von weniger als einem Jahr liegt. Für langfristig orientierte Investoren ist diese Regelung also ohne Bedeutung. Ungeschoren kommen auch Anleger davon, deren jährlicher Spekulationsgewinn die Summe von 999,99 DM (511,28 Euro) nicht übersteigt. Dabei handelt es sich um eine Freigrenze, nicht um einen Freibetrag. Beläuft sich der Spekulationsgewinn auf 1000 DM (511,29 Euro) und mehr, wird die Gesamtsumme steuerpflichtig.

Angeben oder nicht – Steuerformulare KAP/SO

Das einstige Steuerformular KSO für Kapitalerträge besteht seit dem Jahr 2000 aus den beiden Teilen KAP und SO. Die Anlage KAP dient dem Eintrag von Zinsen und Dividenden. In der Anlage SO (Sonstige Einkünfte) müssen Spekulationsgewinne angegeben werden. Spekulationsgewinne waren auch vorher schon steuerpflichtig – nur wusste das nicht jeder und kaum jemand hielt sich daran. Schätzungen zufolge beliefen sich die Steuereinnahmen des Staates aus Spekulationsgewinnen in den vergangenen Jahren auf gerade 30 Millionen DM – eine kleine Summe angesichts der Milliardengewinne an den Börsen Ende des vergangenen Jahrzehnts.

Das neue SO-Formular fragt im Gegensatz zur früheren Anlage KSO genauer nach. Wer hier erstmals Angaben macht und möglicherweise hohe Beträge deklariert, gerät leicht in das Blickfeld seines Sachbearbeiters im Finanzamt. Denn auch alte Steuererklärungen können neu aufgerollt werden, wenn der Verdacht auf frühere falsche Angaben entsteht. Andererseits empfiehlt es sich nicht, weiter zu mogeln. Steuerexperten verweisen darauf, dass viele Anleger die Gefahr unterschätzen, entdeckt zu werden. Ein Ausweg ist die Selbstanzeige, mit der man bereits abgegebene Steuererklärungen berichtigt. In diesem Fall entgeht der Steuersünder einer Bestrafung.

Wer sich jetzt daranmacht, seine Spekulationsgewinne auszurechnen, steht vor mehreren Problemen. So stellt sich beim mehrmaligen Kauf derselben Aktie die Frage, welcher Kurs anzusetzen ist und ob die einjährige Spekulationsfrist überhaupt zum Tragen kommt.

Nach einer Entscheidung des Bundesfinanzhofs muss der Fiskus in solchen Fällen das steuerzahlerfreundliche »First in first out«-Prinzip anwenden. Es besagt, dass immer die Aktien zuerst verkauft werden, die am längsten im Depot sind. Für den Fall, dass der Anleger innerhalb der Spekulationsfrist mehrere Aktien desselben Unternehmens verkauft, muss ein Durchschnittskurs ermittelt werden.

Der Spekulationsgewinn selbst ist im Steuerjargon die Differenz von »Anschaffungskosten« und »Veräußerungspreis«. Zu den Anschaffungskosten zählen der Kaufpreis der Aktien sowie Nebenkosten wie Bankprovision und Maklercourtage. Beim Veräußerungspreis dürfen dagegen die auch beim Verkauf wieder anfallenden Nebenkosten nicht abgezogen werden. Dafür kann sie der Steuerzahler als Werbungskosten ansetzen.

Wer im Jahr 1000 DM und mehr an Spekulationsgewinnen erwirtschaftet hat, muss einen Teil davon an den Staat abgeben. Erfolgreiche Kurzfrist-Aktienanleger kommen somit am Ausfüllen des Steuer-Formulars SO (Sonstige Einkünfte) nicht vorbei. Die Vorderseite beschäftigt sich mit Einkünften wie Leibrenten und Abgeordnetenbezügen. Erst die Rückseite ist für Aktionäre bedeutsam. Aktien und die mit ihnen erwirtschafteten Spekulationsgewinne fallen nämlich unter den Bereich »Andere Wirtschaftsgüter«, für die die Zeilen 41 bis 49 reserviert sind.

In Zeile 42 (»Art des Wirtschaftsguts«) trägt man »Aktien« ein, in Zeile 43 das Datum der Anschaffung sowie des Verkaufs. Dann beginnt die Rechnerei. Zeile 45 verlangt die Verkaufssumme (»Veräußerungspreis«), Zeile 46 die Kaufsumme (»Anschaffungskosten«). Bei der Ermittlung sind die in diesem Kapitel aufgeführten Grundsätze wie »Fifo-Prinzip« oder Durchschnittswert zu beachten. Wichtigste Zeile zum Steuersparen ist die Zeile 47. Dort trägt man seine Werbungskosten ein, also Ausgaben im Zusammenhang mit dem Aktienverkauf. Dazu gehören Bankprovisionen, Maklercourtagen, Beratungskosten, gezahlte Zinsen und Fahrtkosten (z.B. zur Bank).

Der Saldo aus den Zeilen 45 bis 47, also der Veräußerungspreis abzüglich der Anschaffungs- und Werbungskosten, ergibt die »Einkünfte« für die Zeile 48. Wer mehrere Spekulationsgewinne anzugeben hat, trägt sie in die Zeile 49 ein und fügt ein Blatt mit einer detaillierten Aufstellung bei. In den Zeilen 50 bis 57 werden Gewinne aus Termingeschäften eingetragen.

Für Dividenden steht das Formular KAP zur Verfügung (Zeile 9). Die Aktionärsausschüttungen gibt man zusammen mit den aus Anleihen erwirtschafteten Zinsen an. Auch hier ist es möglich, Werbungskosten abzuziehen (Zeilen 26 bis 29): Beratungskosten, Depotgebühren, Fachbücher, Finanzierungskosten, Telefon, Porto und Zeitschriften fallen darunter. Wer zur Hauptversammlung fährt, kann auch seine Reisekosten geltend machen.

Wenn Reden Gold ist – die Selbstanzeige

Schweigen ist Gold, sagt der sonst so wissende Volksmund und könnte in fiskalischen Dingen doch kräftig danebenliegen. Denn wer mit Vorsatz Einkünfte verschweigt, riskiert drastische Sanktionen: Saftige Geldstrafen und Freiheitsentzug von bis zu fünf Jahren sieht der § 370 Abgabenordnung (AO) für Steuerhinterziehung vor. Hat ein Anleger, wie so viele vor ihm seit der Einführung der 30-prozentigen Zinsabschlagsteuer im Jahr 1993, Geld am Staat vorbei in eine Steueroase wie beispielsweise Luxemburg transferiert und wurde noch nicht ertappt, kann er sich beim Finanzamt selbst anzeigen und bleibt zumindest straffrei (§ 371 AO). Er überweist den hinterzogenen Betrag zuzüglich 6 Prozent Zinsen.

Das gilt nicht nur für »Steuerflüchtlinge«, sondern auch für Investoren, die mithilfe von Tafelgeschäften, bei denen der Anleger Wertpapiere gegen Barzahlung direkt über den Bankschalter kauft, die Zinsabschlagsteuer umgehen wollten.

Zeile			
	Private Veräußerungsgeschäfte		
30	**Grundstücke und grundstücksgleiche Rechte** (z. B. Erbbaurecht)		
31	Bezeichnung des Grundstücks (Lage) / des Rechtes		
32	Zeitpunkt der Anschaffung (z. B. Datum des Kaufvertrags, Zeitpunkt der Entnahme aus dem Betriebsvermögen) – Datum; Zeitpunkt der Veräußerung (z. B. Datum des Kaufvertrags, auch nach vorheriger Einlage ins Betriebsvermögen) – Datum		
33	Nutzung des Grundstücks bis zur Veräußerung: zu eigenen Wohnzwecken – von – bis – m²; zu anderen Zwecken, z. B. als Arbeitszimmer, zur Vermietung – von – bis – m²		
34		Stpfl. / Ehemann / Gemeinschaft DM	Ehefrau DM
35	Veräußerungspreis oder an dessen Stelle tretender Wert (z. B. Teilwert, gemeiner Wert)		
36	Anschaffungs- / Herstellungskosten oder an deren Stelle tretender Wert (z. B. Teilwert, gemeiner Wert) ggf. zzgl. nachträglicher Anschaffungs- / Herstellungskosten	–	–
37	Absetzungen für Abnutzung / Erhöhte Absetzungen / Sonderabschreibungen	+	+
38	Werbungskosten im Zusammenhang mit dem Veräußerungsgeschäft	–	–
39	Einkünfte	10	11
40	Einkünfte aus weiteren Veräußerungen von Grundstücken und grundstücksgleichen Rechten (Erläuterungen bitte auf einem besonderen Blatt)	12	13
41	**Andere Wirtschaftsgüter** (insbesondere Wertpapiere)		
42	Art des Wirtschaftsguts		
43	Zeitpunkt der Anschaffung (z. B. Datum des Kaufvertrags) – Datum; Zeitpunkt der Veräußerung (z. B. Datum des Kaufvertrags) – Datum		
44		Stpfl. / Ehemann / Gemeinschaft DM	Ehefrau DM
45	Veräußerungspreis oder an dessen Stelle tretender Wert (z. B. gemeiner Wert)		
46	Anschaffungskosten oder an deren Stelle tretender Wert (z. B. Teilwert, gemeiner Wert)	–	–
47	Werbungskosten im Zusammenhang mit dem Veräußerungsgeschäft	–	–
48	Einkünfte	14	15
49	Einkünfte aus weiteren Veräußerungen von anderen Wirtschaftsgütern (Erläuterungen bitte auf einem besonderen Blatt)	16	17
50	**Termingeschäfte** (z. B. Optionen, Optionsscheine, Futures)		
51	Bezeichnung des Termingeschäfts		
52	Zeitpunkt des Erwerbs des Rechts (z. B. Kauf eines Optionsscheins) – Datum; Zeitpunkt der Beendigung des Rechts – Datum		
53		Stpfl. / Ehemann / Gemeinschaft DM	Ehefrau DM
54	Differenzausgleich, Geldbetrag oder sonstiger Vorteil aus dem Termingeschäft		
55	Werbungskosten im Zusammenhang mit dem Termingeschäft (z. B. Aufwendungen für den Erwerb des Rechts)	–	–
56	Einkünfte	18	19
57	Einkünfte aus weiteren Termingeschäften (Erläuterungen bitte auf einem besonderen Blatt)	20	21
58	**Anteile an Einkünften**		
59	Gemeinschaft, Finanzamt, Steuernummer	22	23
60	☐ Die nach Maßgabe des § 10 d Abs. 1 EStG in 1999 vorzunehmende Verrechnung nicht ausgeglichener negativer Einkünfte 2000 aus privaten Veräußerungsgeschäften soll lt. **Anlage VA** begrenzt werden.		

Name und Vorname/Gemeinschaft

Steuernummer

Anlage KAP

Bitte Steuerbescheinigung(en) im Original beifügen!

2000

☐ zur Einkommensteuererklärung

☐ zur Feststellungserklärung

99 | 54

Einkünfte aus Kapitalvermögen, Anrechnung von Steuern

Zeile	Inländische Kapitalerträge	Einnahmen (einschließlich freigestellter Einnahmen, anzurechnender/vergüteter Kapitalertragsteuer/Zinsabschlag/ Solidaritätszuschlag, Körperschaftsteuer) Steuerpfl. Person Ehemann Gemeinschaft DM	Ehefrau DM	In Spalten 2 und 3 enthaltene Einnahmen ohne Steuerabzug aufgrund von **Freistellungsaufträgen** DM	Anzurechnen sind **inländische:** Kapitalertragsteuer Zinsabschlag lt. beigefügter Steuerbescheinigungen DM | Pf	Körperschaftsteuer DM | Pf	
1–3	Zinsen und andere Erträge	2	3	4	5	6	
4	aus Guthaben und Einlagen (z. B. Sparguthaben)						
5	aus Bausparguthaben						
6	aus festverzinslichen Wertpapieren, Investmentanteilen (einschließlich Stückzinsen und Zwischengewinne)						
7	aus Tafelgeschäften mit festverzinslichen Wertpapieren						
8	aus sonstigen Kapitalforderungen jeder Art, die dem Zinsabschlag unterliegen (z. B. Kursdifferenzpapiere, Instandhaltungsrücklagen)						
9	aus Aktien und anderen Anteilen (auch bei Tafelgeschäften)						
10	aus Wandelanleihen und Gewinnobligationen						
11	aus Lebensversicherungen, soweit einkommensteuerpflichtig						
12	aus stiller Gesellschaft / bei partiarischen Darlehen						
13	aus Beteiligung (Gemeinschaft, Finanzamt, St.Nr.)						
14	aus sonstigen Kapitalforderungen, die nicht dem Zinsabschlag unterliegen (z. B. Darlehen zwischen Privatpersonen)						
15	Vom Finanzamt erhaltene Zinsen für Steuererstattungen						
16	Summe der Zeilen 4 bis 15	30	31				
17	aus Beteiligung an Gesellschaften / Gemeinschaften / ähnlichen Modellen i. S. d. § 2 b EStG						
18–19	**Ausländische Kapitalerträge** Anlage AUS beachten **(Einnahmen einschließlich der anzurechnenden / abzuziehenden ausländischen Quellensteuern, die in den Zeilen 7 bis 29 der Anlage AUS einzutragen sind, soweit sie nicht aus inländischem Sondervermögen stammen.)** Zinsen aus Sparguthaben, Dividenden ggf. einschl. Avoir fiscal, Erträge aus ausl. Investmentanteilen, Erträge aus Beteiligungen, Hinzurechnungsbetrag nach § 10 AStG u. a.						
20	Bezeichnung	32	33				
21	**Sonstiges** Anzurechnende Kapitalertragsteuer / Zinsabschlag / Körperschaftsteuer aus anderen Einkunftsarten						
22	Summe der Zeilen 4 bis 21				35	34	
23	In Zeile 22 Spalte 5 enthaltener Zinsabschlag				40		30 / 31
24	Summe der anzurechnenden Solidaritätszuschläge zur Kapitalertragsteuer / zum Zinsabschlag				39		35 DM Pf
25	Summe der vergüteten Körperschaftsteuer		88 DM Pf				34 / 40
26	**Werbungskosten**	Steuerpfl. Person Ehemann Gemeinschaft	Ehefrau				39
27	zu den inländischen Kapitalerträgen	12	13	davon gesondert u. einheitl. festgestellt			12 / 13
28	zu den ausländischen Kapitalerträgen, ggf. einschließlich abzuziehender ausländischer Quellensteuer	18	19	davon gesondert u. einheitl. festgestellt			18
29	zu den Beteiligungen an Gesellschaften / Gemeinschaften / ähnlichen Modellen i. S. d. § 2 b EStG						19

Anlage KAP für Einkünfte aus Kapitalvermögen – Aug. 2000

beispiel

Selbstanzeige beim Finanzamt

Sehr geehrte Damen und Herren,

hiermit berichtigen wir unsere Einkommensteuer/Vermögensteuererklärungen für die Jahre ab (*Datum*).

Die darin erklärten Einkünfte aus Kapitalvermögen waren unvollständig. Unberücksichtigt ist das Kapitalvermögen geblieben, das wir bis (*Datum*) zunächst in Tafelpapieren angelegt hatten und zu Beginn des Jahres (*Jahreszahl*) an die (*Name des Kreditinstituts*) transferiert haben. Der so verlagerte Betrag belief sich damals auf etwa (*Betrag*) Euro. Durch Zinsen, Dividenden und Wertzuwächse handelt es sich jetzt um ein Depot von rund (*Betrag*) Euro.

Abhebungen haben wir nicht vorgenommen. Wir schätzen die jährliche Rendite durch Zinsen und Dividenden auf jeweils etwa (*Prozentzahl*) Prozent. Der Rest entfällt auf Wertzuwächse, zu denen auch Veräußerungsgewinne gehören können.

Wir haben die (*Name des Kreditinstituts*) beauftragt, Kontoauszüge und Erträgnisaufstellungen anzufertigen und uns zu schicken. Zugleich haben wir darum gebeten festzustellen, ob und inwieweit Veräußerungsgewinne bei Wertpapieren innerhalb der Spekulationsfrist angefallen sind.

Sobald die Unterlagen bei uns eingegangen sind, werden wir sie durch unseren Steuerberater auswerten lassen und Ihnen diese Auswertung übermitteln. Zugleich werden wir Ihnen Kontoauszüge, Erträgnisaufstellungen und Bestätigungen von (*Name des Kreditinstituts*) vorlegen. Unsere Berichtigung dient auch einer möglichen Nacherhebung der Vermögensteuer.

Mit freundlichen Grüßen

(Unterschrift)

So funktioniert die Selbstanzeige

Wer sich zu einer Selbstanzeige entschließt, sollte einige Formalitäten beachten. Aus Beweisgründen empfiehlt es sich, die Selbstanzeige stets schriftlich bei der zuständigen Finanzbehörde und erst nach Rücksprache mit dem Steuerberater abzugeben. Das Finanzamt muss aufgrund der Angaben ohne lange Nachforschungen in der Lage sein, die angefallenen Steuern zutreffend festzusetzen. So ist exakt darzulegen, für welches Jahr wie viele Zinsen nacherklärt werden. Werden die hinterzogenen Zinsen nicht vollständig deklariert, ist die Anzeige unwirksam. Der Steuersünder läuft Gefahr, höher bestraft zu werden, wenn der Rest der nicht deklarierten Steuern doch noch offenbar wird. Rechtfertigungsgründe brauchen nicht geliefert zu werden. Stets sollten beide Ehepartner die Anzeige unterschreiben, nur dann gehen auch beide straffrei aus. Die Selbstanzeige wird nur wirksam, wenn die hinterzogenen Steuern innerhalb der von der Finanzverwaltung festgesetzten Zahlungsfrist beglichen werden.

... schon zu spät

So attraktiv sich die Möglichkeit einer strafbefreienden Selbstanzeige darstellt – irgendwann ist der Zug abgefahren. Nach der Abgabenordnung ist dies dann der Fall, wenn »die Tat bereits entdeckt ist«. Sind die Steuerfahnder in der Hausbank zu Gast, hat man meist noch eine Galgenfrist. Normalerweise unterrichtet die Bank ihre Kunden über die Durchsuchung, um ihnen Zeit für eine Selbstanzeige zu geben. Als entdeckt gilt die Tat, wenn ein Finanzbeamter Kontrollmitteilungen etwa aus einer Außenprüfung mit den Einkommensteuererklärungen der letzten Jahre vergleicht. Kein Entrinnen gibt es mehr, wenn »ein Amtsträger der Finanzbehörde zur steuerlichen Prüfung erschienen ist« oder wenn dem Sünder »die Einleitung des Straf- oder Bußgeldverfahrens bekannt gegeben« wurde. Wer sich dann noch selbst anzeigt, kann aber wenigstens auf eine Strafminderung hoffen.

service

Adressen, die weiterhelfen

→ Bundesaufsichtsamt für den Wertpapierhandel (BAWe)
Die 130 Mitarbeiter der Frankfurter Behörde befassen sich seit 1995 mit dem Anlegerschutz, der Markttransparenz und der Marktintegrität. Wer sich schlecht beraten fühlt und dadurch Geld verloren hat oder wem ein Angebot suspekt vorkommt, kann sich an das BAWe wenden.
Lurgiallee 12
60439 Frankfurt/Main

Tel.	0 69/9 59 52-0
Fax	0 69/9 59 52-123
E-Mail	mail@bawe.de
Internet	www.bawe.de

→ Schutzgemeinschaft der Kleinaktionäre (SdK)
Karlsplatz 3
80335 München

Tel.	0 89/59 99 87 33
Fax	0 89/54 88 78 58
E-Mail	SdK.ev@t-online.de
Internet	www.sdk.org

→ Deutsche Schutzvereinigung für Wertpapierbesitz (DSW)
Hamborner Str. 53
40472 Düsseldorf

Tel.	02 11/66 97 02
Fax	02 11/66 97 60
E-Mail	dsw@dsw-info.de
Internet	www.dsw-info.de

→ Aktionärinnen e.V.
Postfach 1101
69139 Neckargemünd

Tel.	0 62 23/65 00
Fax	0 62 23/7 32 63

→ Deutsches Aktieninstitut e.V. (DAI)
Der Verein will die Aktie als Anlageform fördern und wartet mit vielen Informationen rund um die Dividendenpapiere auf.
Biebergasse 6–10
60313 Frankfurt

Tel.	0 69/9 29 15-0
Fax	0 69/9 29 15-11
Internet	www.dai.de

→ Bundesverband Deutscher Investment-Gesellschaften (BVI)
Die Interessenvertretung der Fondsgesellschaften bietet Privatanlegern ein breites Informationsangebot rund um die Fondsanlage.
Eschenheimer Anlage 28
60318 Frankfurt

Tel.	0 69/15 40 90-0
Fax	0 69/15 40 90-238
E-Mail	info@bvi.de
Internet	www.bvi.de

→ www.deutsche-boerse.com
ist das Portal der Deutschen Börse, das Kurse, Statistiken und eine breite Palette von Informationen rund um die Börse bietet.

→ www.neuermarkt.com
hilft dem Investor mit ausgefeilten Experten-Tools bei der Wertpapierauswahl. (Tipp: Bei der Aktiensuche die Wertpapierkennnummer angeben, da die Liste anhand des Unternehmensnamens (etwa »Siemens«) sonst zu viele Treffer aus Anleihen, Optionsscheinen und Aktien auswirft.)

→ www.nasdaq.com
ist die Seite der US-Wachstumsbörse, die für jede hier notierte Aktie fundamentale und charttechnische Analysen aufführt – unter »Guru-Analysis« werden auch deutsche Werte an der Nasdaq besprochen.

→ www.nyse.com
bildet Kurse und Charts der größten Börse der Welt, der New York Stock Exchange (Nyse), ab und informiert bei der Kursabfrage auch über aktualisierte Dividendenrenditen, Kurs-Gewinn-Verhältnisse und Marktkapitalisierungen.

→ www.handelsblatt.com
stellt eine kostenlose Depotverwaltung zur Verfügung und bietet unter anderem Performance-Listen für Neuemissionen und einen Emissionsbankenvergleich.

→ www.wiwo.de
verfügt über einen Depotrechner, der die Provisionen beim Aktienkauf und die Kosten der Depotverwaltung bei Banken vergleicht.

→ www.onvista.de
bietet neben kostenlosen Finanzinfos und Analyse-Tools Wissenswertes rund um Aktien, Neuemissionen, Fonds und Optionsscheine.

→ www.aktiencheck.de
ist ein Finanzinformationsdienst, der sich die Schaffung von Transparenz und Chancengleichheit an den Märkten zum Ziel gesetzt hat.

→ www.technical-investor.de
ist die Site mit Analyse-Tools und interaktiven Charts für die Anhänger von Trendkanälen und Widerstandslinien.

→ www.tradewire.de
richtet sich mit aktuellen Marktdaten und Wirtschaftsnachrichten sowohl an den professionellen als auch an den unerfahrenen Daytrader.

→ www.rookiedaytrader.com
ist ein guter Ausgangspunkt für alle, die sich mit dem Daytrading beschäftigen wollen.

→ www.cbs.marketwatch.com
eröffnet einen besonders ausführlichen Blick auf die US-Märkte (englisch).

→ www.bloomberg.com
bietet eine Fülle von ständig aktualisierten Unternehmens- und Marktnachrichten (englisch).

→ www.ft.com
gibt Einblick in gründlich recherchierte Artikel in »Financial Times«-Manier, verfügt über Portfolio-Werkzeuge und ein gut sortiertes Archiv (englisch).

→ www.diskountbroker.de
ist ein unabhängiges Testportal, das rund 20 Discountbroker nach Kriterien wie Benutzerfreundlichkeit, Sicherheit, Aktien- und Fondshandel, Neuemissionen und Zusatzangeboten untersucht und vergleicht. (Tipp: diskountbroker in der Adresse mit zwei »k« schreiben, sonst landet der Surfer auf der Site von Consors.)

→ www.consors.de
analysiert im Depotmanager die Zusammensetzung des Portfolios und das Risiko und bietet als spielerisches Element an, die Performance der ausgewälten Papiere in Crash-Szenarien (»Schwarzer Freitag«) zu verfolgen.

→ www.comdirect.de
stellt auf der frei zugänglichen »Market Map« Dax, Neuen Markt oder auch den MDax als grafische Landschaft dar und versorgt den Anleger mit jüngsten Unternehmensnachrichten.

→ www.fondsweb.de
ist ein unabhängiges Fondsportal, das neben Infos wie Performance-Tabellen oder Top-Aktien der verschiedenen Fonds auch einen Vertriebsstellen-Vergleich zu den Produkten anbietet.

→ www.funds-sp.de
ermöglicht den Zugang zur umfangreichen Datenbank der US-Rating-Gesellschaft Standard & Poor's.

→ www.dai.de
ist die Website des Deutschen Aktieninstituts, die Basisinformationen für Aktionäre und alle, die es werden wollen, bereithält. (Tipp: Über die Site kann der interessierte Anleger die informativen DAI-Broschüren »Alles über Aktien« und »Aktien richtig einschätzen« kostenlos bestellen.)

Bücher, die weiterhelfen

- Beike, Rolf/Schlütz, Johannes: *Finanznachrichten lesen – verstehen – nutzen.* Verlag Schäffer-Poeschel, Stuttgart
- Deutsches Aktieninstitut (Hrsg.): *Aktien richtig einschätzen*
und *Alles über Aktien.* Frankfurt
- Fugger, Horst: *Handbuch der erfolgreichen Aktien-Anlage. Grundlagen, Bewertung, Strategien.* FinanzBuch Verlag, München
- Jackisch, Klaus-Rainer: *So funktioniert langfristiger Vermögensaufbau mit Aktien.* Societätsverlag, Frankfurt
- Murphy, John J.: *Technische Analyse der Finanzmärkte. Grundlagen, Strategien, Methoden, Anwendungen.* FinanzBuch Verlag, München
- Peters, Christine: *Aktien online.* Gräfe und Unzer Verlag, München
- Ruhmohr, Johanna von: *Aktien Basics. Alles, was man braucht, um auf dem richtigen Kurs zu sein.* Gräfe und Unzer Verlag, München
- Prinzbach, Cécile/Plaschka, Frank/Leiner, Bernhard/Heeg, Thiemo: *Money Basics. Alles, was man braucht, um schlau mit Geld umzugehen.* Gräfe und Unzer Verlag, München
- Schätzle, Rainer: *Handbuch Börse* 2001. Heyne-Verlag, München

glossar

→ Ad-hoc-Mitteilungen

Aktiengesellschaften sind nach dem Wertpapierhandelsgesetz verpflichtet, wichtige Nachrichten, die den Börsenkurs beeinflussen können, sofort zu veröffentlichen. Damit will man verhindern, dass Insider wie Firmenvorstände Wissensvorsprünge zum eigenen Vorteil ausnutzen können.

→ Aktienanalyse

Mithilfe von Aktienanalysen können Anleger die Chancen von Dividendenpapieren abschätzen. Fundamentalanalysen orientieren sich dabei an Unternehmensdaten und gesamtwirtschaftlichen Kennziffern, technische Analysen untersuchen grafisch dargestellte Kursverläufe (Charts).

→ Aktienfonds

Populäre Anlageform, bei der die jeweilige Fondsgesellschaft die Mittel ihrer Anleger in ausgewählten Aktien anlegt. Das Risiko ist dabei durch die breite Streuung im Vergleich zur Einzelanlage relativ gering.

→ Aktienrückkauf

Ein Unternehmen kauft an der Börse eigene Aktien zu Marktpreisen zurück. Hinter dieser von den Aktionären zu billigenden Maßnahme steht meist der Versuch, den Aktienkurs zu stützen.

→ Aktiensplit

Bei einem Aktiensplit werden die umlaufenden Aktien durch eine höhere Anzahl neuer Aktien ersetzt. Mit einer solchen Aufteilung wollen Unternehmen die Aktie optisch billiger und damit attraktiver machen. Nach dem Split haben die Aktien einen entsprechend dem Split-Verhältnis geringeren Kurswert, an der Vermögensposition der Aktionäre ändert sich jedoch nichts.

→ Amtlicher Handel

Dieses Marktsegment an den deutschen Börsen stellt die höchsten Anforderungen an die dort notierten Unternehmen und bietet damit den Anlegern eine vergleichsweise hohe Sicherheit. Weitere Börsensegmente sind der Geregelte Markt und der Freiverkehr. Hier herrschen weniger strenge Zulassungsvorschriften. Neben diesen traditionellen Sektoren hat die Deutsche Börse seit 1997 zwei neue Handelsbereiche eingerichtet: den Neuen Markt (siehe dort) für Wachstumswerte und den Smax für kleine mittelständische Unternehmen.

→ Anleihen

Im Gegensatz zu Aktien ist die Anleihe eine Anlageform, die Anlegern zumeist die Rückzahlung des eingesetzten Vermögens zuzüglich eines bestimmten Zinsbetrags garantiert. Im Grunde handelt es sich um einen Kredit, den der Herausgeber einer Anleihe von den Käufern erhält. Anleihen kann man bei öffentlichen Schuldnern wie dem Bund, von Hypothekenbanken (Pfandbriefe) wie auch von Unternehmen erwerben.

→ AS-Fonds

AS steht für Altersvorsorge-Sondervermögen. Diese Fonds unterliegen zahlreichen

Beschränkungen und sind speziell für die private Altersvorsorge gedacht.

Aufsichtsrat/Vorstand
Bei Aufsichtsrat und Vorstand handelt es sich um zwei Gremien, über die jede Aktiengesellschaft verfügt. Der aus einer oder mehreren Personen bestehende Vorstand ist für die laufenden Geschäfte des Unternehmens verantwortlich, der Aufsichtsrat kontrolliert den Vorstand.

Ausgabepreis
Zu diesem Preis verkauft eine AG, die an die Börse will, ihre Aktien. Der danach an der Börse ermittelte Kurs orientiert sich zwar häufig am Ausgabepreis, ist aber grundsätzlich davon unabhängig, weil er sich aus Angebot und Nachfrage ergibt. Der Ausgabepreis dagegen wird von der Gesellschaft festgelegt – meist nach einer vorherigen mehrwöchigen Preisfindungsphase, dem so genannten Bookbuilding, in dem Anleger ihre Gebote für die Aktien abgeben können.

Baisse
Analog zur Hausse spricht man von einer Baisse, wenn sich über einen längeren Zeitraum größere Kursverluste einstellen.

Berichtigungsaktien (Gratisaktien)
Wenn eine Aktiengesellschaft bilanztechnisch Rücklagen in Grundkapital umwandelt, erhöht sich damit die Zahl der umlaufenden Aktien, weil deren Menge auf dem Grundkapital basiert. Die Eigenmittel der Gesellschaft bleiben gleich; die Aktionäre verfügen nach dem Schritt somit zwar über mehr Anteilsscheine (bisherige Aktienanzahl plus Berichtigungsaktien), diese sind jedoch pro Stück entsprechend weniger wert.

Blue Chips
Dieser englische Begriff bezeichnet die größten Aktien in einem Markt, in Deutschland zum Beispiel die Werte des Dax. Synonym werden diese Titel auch Standardwerte genannt. Im Gegensatz dazu stehen die Nebenwerte, also Papiere mittelgroßer und kleiner Unternehmen, die häufig nur geringe Börsenhandelsumsätze aufweisen.

Courtage
Die den Kursmaklern zustehende Gebühr bei der Abwicklung eines Wertpapiergeschäfts nennt man Courtage. Courtagen fallen nur im maklergestützten Handel an, nicht jedoch bei elektronischen Handelssystemen wie Xetra, wo das Computerprogramm eigenständig Angebot und Nachfrage zusammenführt.

Dax
Der Deutsche Aktienindex (Dax) gilt als bedeutsamster inländischer Aktienindex. Er gibt die Wertentwicklung der 30 wichtigsten deutschen Aktien wieder. Mithilfe eines Indexes können Anleger die Börsenentwicklung eines Tages sehr schnell erfassen.

Daytrading
Beim Daytrading versuchen die Anleger kleinste Kursschwankungen zu nutzen, um

in kürzester Zeit Aktien über das Internet zu kaufen und zu verkaufen.

→ **Depot**
In einem Depot bei einer Bank werden die Wertpapiere eines Anlegers verwahrt. Die Führung ist kostenpflichtig.

→ **Dividende**
Als Eigentümer von Unternehmen erhalten Aktionäre einen Teil des Gewinns. Diese Ausschüttung nennt man Dividende. Ihre Höhe wird in Euro pro Aktie beziffert.

→ **Dow-Jones-Industrial-Average-Index**
Der Dow-Jones-Industrial-Average-Index (Dow Jones) ist der wichtigste amerikanische Aktienindex. Er gilt als weltweiter Börsenleitwert und besteht, wie der Dax auch, aus 30 Aktien.

→ **Emission**
Als Emission bezeichnet man die Ausgabe von Wertpapieren. Ein Unternehmen, das zum Beispiel seine Aktien in einem öffentlichen Angebot verkauft, wird als Emittent bezeichnet, das gesamte Verfahren bis zur Erstnotiz an der Börse als Börsengang oder Going Public.

→ **Grundkapital**
Wenn Unternehmensgründer eine AG gründen, müssen sie ein bestimmtes Mindestkapital in das Unternehmen einbringen: das Grundkapital. In der Firmensatzung ist dessen Höhe festgelegt und in wie viele Anteile (Aktien) das Grundkapital eingeteilt ist.

→ **Greenshoe**
Bei Aktien-Neuemissionen wird im Allgemeinen ein bestimmter Anteil des Gesamtvolumens (meist etwa 15 Prozent) zunächst nicht ausgegeben. Diese Mehrzuteilungsoption kommt dann zum Tragen, wenn die Nachfrage größer als das Angebot, die Emission also überzeichnet ist.

→ **Hausse**
Von einer Hausse spricht man, wenn die Kurse über einen längeren Zeitraum stark steigen. Gelegentlich wird die Bezeichnung auch für kräftige Zuwächse innerhalb eines Tages verwendet.

→ **Institutionelle Anleger**
Im Gegensatz zu den Privatanlegen bezeichnet man damit unter anderem Fondsmanager, die für ein sehr großes Aktienportfolio verantwortlich sind.

→ **Kapitalerhöhung**
Wenn ein Unternehmen an die Börse geht, können die zum Verkauf anstehenden Aktien aus zwei Quellen kommen: Entweder trennen sich die Altaktionäre von einem Teil ihres Besitzes oder man erhöht das Grundkapital, gibt also neue Aktien aus. Häufig werden bei Börsengängen beide Varianten zugleich angewandt. Auch schon an der Börse befindliche AGs können ihr Kapital erhöhen. Altaktionäre kommen bei Kapitalerhöhungen in den Genuss eines Bezugsrechtes, dürfen die neuen Aktien also bevorrechtigt erwerben.

→ **Kassakurs**
Im Gegensatz zur fortlaufenden (variablen) Notierung wird bei manchen Aktien nur einmal während der Börsenhandelszeit ein amtlicher Kurs ermittelt. Der Kassakurs wird auch als Einheitskurs bezeichnet. Das Verfahren betrifft vor allem kleinere umsatzschwache Papiere.

→ **Marktkapitalisierung**
Den aktuellen Börsenwert einer Aktiengesellschaft, die Marktkapitalisierung, errechnet man, indem man die Zahl der ausgegebenen Aktien mit dem Börsenkurs malnimmt.

→ **Nennwert**
Der aufgedruckte Betrag auf einer Aktie. Er gibt an, wie hoch der Anteil am Grundkapital der betreffenden Gesellschaft ist, den die Aktie repräsentiert.

→ **Neuer Markt**
Der Neue Markt ist ein Börsensegment der Börse Frankfurt, an dem vorwiegend junge Technologieunternehmen gehandelt werden.

→ **NYSE**
NYSE steht für New York Stock Exchange. Amerikanische Börse mit Sitz an der New Yorker Wall Street.

→ **Optionen**
Optionen werden an Terminbörsen wie der Eurex gehandelt. Ihr Besitzer hat das Recht, innerhalb einer bestimmten Frist zum Beispiel eine Aktie zu einem bestimmten Preis zu kaufen oder zu verkaufen, unabhängig vom gerade aktuellen Kurs. Damit ist es unter anderem möglich, die eigenen Aktien gegen Verluste abzusichern.

→ **Rendite**
Bei Wertpapieren versteht man darunter das Verhältnis des Ertrags zum Kaufpreis, angegeben in Prozent.

→ **Spekulationsfrist**
Bei Kauf und Verkauf innerhalb der ersten 12 Monate müssen Kursgewinne voll versteuert werden, wenn sie den Betrag von 999,99 DM überschreiten. Nach Ablauf der Spekulationsfrist sind Kursgewinne steuerfrei.

→ **Stammaktie**
Grundform der Aktie in Deutschland. Sie verbriet, im Gegensatz zur Vorzugsaktie, alle im Aktiengesetz festgehaltenen Aktionärsrechte, insbesondere das Stimmrecht in der Hauptversammlung.

→ **Tafelgeschäfte**
Bei so genannten Tafelgeschäften erwirbt der Anleger Wertpapiere gegen Barzahlung direkt am Bankschalter (der Tafel). Er verwahrt und verwaltet seine Wertpapiere in diesem Fall selbst.

→ **Vorzugsaktie**
Aktie ohne Stimmrecht in der Hauptversammlung. Als Ausgleich wird meist eine höhere Dividende ausbezahlt.

register

impressum

Redaktionsleitung:
Steffen Haselbach
Redaktion: Andreas Kobschätzky
Lektorat: Leonie Zimmermann
Umschlagfotos: Andreas Hosch

Umschlag und Gestaltung:
indepedent Medien-Design
Herstellung: Ute Hausleiter
Satz: EDV-Fotosatz Huber/
Verlagsservice G. Pfeifer, Germering
Repro: Repro Ludwig, Zell am See
Druck und Bindung: Kaufmann, Lahr

ISBN: 3-7742-3407-8

Auflage	4.	3.	2.	1.
Jahr	2004	2003	2002	2001

Fotos

Agentur Focus: S. 39, 91. Bavaria: S. 10, 22, 52, 87, 98. Bild-Agentur Geduldig: S. 107. IFA-Bilderteam: S. 59, 104. Image Bank: Inhalt, S. 4/5, 18, 21, 24, 41, 50/51. Mauritius: Inhalt, S. 46, 49, 62, 96/97. Photonica: S. 77. Pictor Uniphoto: S. 6, 15, 32, S. 53, 109. Premium: S. 29. Stone: S. 26/27, 31, 42. Superbild: S. 8, 11, 12, 19, 108. Alexander Walter: S. 7. Zefa: S. 28, 56, 103.

Umwelthinweis

Dieses Buch wurde auf chlorfrei gebleichtem Papier gedruckt. Um Rohstoffe zu sparen, haben wir auf Folienverpackung verzichtet.

Wichtiger Hinweis

Die Beiträge in diesem Buch sind sorgfältig recherchiert und entsprechen dem aktuellen Stand. Abweichungen – beispielsweise durch seit Drucklegung geänderte Preise, Gebühren, Anlageentwicklungen, WWW-Adressen etc. – sind nicht auszuschließen. Weder Autor noch Verlag können für eventuelle Nachteile oder Schäden, die aus den im Buch gegebenen praktischen Hinweisen resultieren, eine Haftung übernehmen.

Das Original mit Garantie

IHRE MEINUNG IST UNS WICHTIG. Deshalb möchten wir Ihre Kritik, gerne aber auch Ihr Lob erfahren, um als führender Ratgeberverlag für Sie noch besser zu werden. Darum: Schreiben Sie uns! Wir freuen uns auf Ihre Post und wünschen Ihnen viel Spaß mit Ihrem GU-Ratgeber.

UNSERE GARANTIE: Sollte ein GU-Ratgeber einmal einen Fehler enthalten, schicken Sie uns bitte das Buch mit einem kleinen Hinweis und der Quittung innerhalb von sechs Monaten nach dem Kauf zurück. Wir tauschen Ihnen den GU-Ratgeber gegen einen anderen zum gleichen oder ähnlichen Thema um.

Ihr Gräfe und Unzer Verlag
Redaktion Business
Postfach 86 03 25
81630 München
Fax: 089/4 19 81-113
e-mail: leserservice@graefe-und-unzer.de